张佳胤年谱

李 新 著

南开大学出版社

天 津

图书在版编目(CIP)数据

张佳胤年谱 / 李新著. —天津：南开大学出版社，
2021.1

ISBN 978-7-310-06017-7

Ⅰ.①张… Ⅱ.①李… Ⅲ.①张佳胤(1526－1588)
－年谱 Ⅳ.①K825.6

中国版本图书馆 CIP 数据核字(2020)第 272768 号

张佳胤年谱
ZHANG JIAYIN NIANPU

南开大学出版社出版发行
出版人：陈　敬
地址：天津市南开区卫津路 94 号　　邮政编码：300071
营销部电话：(022)23508339　营销部传真：(022)23508542
http://www.nkup.com.cn

北京君升印刷有限公司印刷　全国各地新华书店经销
2021 年 1 月第 1 版　　2021 年 1 月第 1 次印刷
230×155 毫米　16 开本　12.25 印张　2 插页　170 千字
定价：48.00 元

如遇图书印装质量问题,请与本社营销部联系调换,电话:(022)23508339

重庆市教委 2019 年人文社会科学规划项目
"中国文学教育与大学生国家认同研究"
（19SKGH277）成果

目　　录

简　介 ……………………………………………………………………（1）

家　世 ……………………………………………………………………（3）

年　谱 ……………………………………………………………………（6）

嘉靖六年（丁亥，1527 年），一岁 …………………………………（6）

嘉靖十二年（癸巳，1533 年），七岁 ………………………………（6）

嘉靖十五年（丙申，1536 年），十岁 ………………………………（7）

嘉靖十七年（戊戌，1538 年），十二岁 ……………………………（7）

嘉靖十九年（庚子，1540 年），十四岁 ……………………………（7）

嘉靖二十一年（壬寅，1542 年），十六岁 …………………………（8）

嘉靖二十二年（癸卯，1543 年），十七岁 …………………………（11）

嘉靖二十五年（丙午，1546 年），二十岁 …………………………（12）

嘉靖二十六年（丁未，1547 年），二十一岁 ………………………（13）

嘉靖二十七年（戊申，1548 年），二十二岁 ………………………（16）

嘉靖二十八年（己酉，1549 年），二十三岁 ………………………（17）

嘉靖二十九年（庚戌，1550 年），二十四岁 ………………………（17）

嘉靖三十年（辛亥，1551 年），二十五岁 …………………………（18）

嘉靖三十一年（壬子，1552 年），二十六岁 ………………………（23）

嘉靖三十二年（癸丑，1553 年），二十七岁 ………………………（25）

嘉靖三十三年（甲寅，1554 年），二十八岁 ………………………（31）

嘉靖三十四年（乙卯，1555 年），二十九岁 ………………………（35）

嘉靖三十五年（丙辰，1556 年），三十岁 ………………………（40）

嘉靖三十六年（丁巳，1557 年），三十一岁 ……………………（44）

嘉靖三十七年（戊午，1558 年），三十二岁 ……………………（46）

嘉靖三十八年（己未，1559 年），三十三岁 ……………………（47）

嘉靖三十九年（庚申，1560 年），三十四岁 ……………………（50）

嘉靖四十年（辛酉，1561 年），三十五岁 ………………………（53）

嘉靖四十一年（壬戌，1562 年），三十六岁 ……………………（58）

嘉靖四十二年（癸亥，1563 年），三十七岁 ……………………（61）

嘉靖四十三年（甲子，1564 年），三十八岁 ……………………（66）

嘉靖四十四年（乙丑，1565 年），三十九岁 ……………………（69）

嘉靖四十五年（丙寅，1566 年），四十岁 ………………………（74）

隆庆元年（丁卯，1567 年），四十一岁 …………………………（79）

隆庆二年（戊辰，1568 年），四十二岁 …………………………（81）

隆庆三年（己巳，1569 年），四十三岁 …………………………（83）

隆庆四年（庚午，1570 年），四十四岁 …………………………（91）

隆庆五年（辛未，1571 年），四十五岁 …………………………（95）

隆庆六年（壬申，1572 年），四十六岁 …………………………（100）

万历元年（癸酉，1573 年），四十七岁 …………………………（117）

万历二年（甲戌，1574 年），四十八岁 …………………………（126）

万历三年（乙亥，1575 年），四十九岁 …………………………（132）

万历四年（丙子，1576 年），五十岁 ……………………………（137）

万历五年（丁丑，1577 年），五十一岁 …………………………（141）

万历六年（戊寅，1578 年），五十二岁 …………………………（142）

万历七年（己卯，1579 年），五十三岁 …………………………（145）

万历八年（庚辰，1580 年），五十四岁 …………………………（150）

万历九年（辛巳，1581 年），五十五岁 …………………………（152）

万历十年（壬午，1582 年），五十六岁 …………………………（153）

万历十一年（癸未，1583 年），五十七岁 ………………………（157）

万历十二年（甲申，1584 年），五十八岁 ………………………（165）

万历十三年（乙酉，1585 年），五十九岁 ……………………（168）

万历十四年（丙戌，1586 年），六十岁 …………………………（171）

万历十五年（丁亥，1587 年），六十一岁 ……………………（173）

万历十六年（戊子，1588 年），六十二岁 ……………………（175）

万历十八年（庚寅，1590 年），六十四岁 ……………………（176）

参考文献 …………………………………………………………（178）

简　介

　　张佳胤，字肖甫，初号泸山，又号崌崃山人（一作居来山人），重庆府铜梁县人。嘉靖六年（1527）生于重庆府铜梁县，嘉靖二十九年（1550）进士，初授滑县令，是明代中期嘉靖"后五子"之一，亦有"后七子""三甫"之一的称号。曾镇雄边，定大变，功业显赫，闻震朝野，以兵部尚书、太子太保致仕。万历十六年（1588）卒于铜梁，享年六十二。王世贞为其撰墓志铭。天启初，谥襄宪。今国家图书馆藏有《居来先生集》（又称《居来山房集》）六十五卷，明万历间刻本，《四库全书存目丛书补编》第五十一册亦收录。《明史》有传。

　　王世贞《光禄大夫太子太保兵部尚书赠少保居来张公墓志铭》（以下简称"王世贞《墓志铭》"）："初自号泸山，以其家在居、来两山间，更之曰居来山人。"〔《居来山房集》（以下简称《居集》）卷六十五"附录"，第734页〕

　　卢楠《泸昆山赋并序》："泸昆山，即古巴岳也，为梁蜀雄镇，府临巴江，而其上多名观，产仙茅。长庆中有服之者，辄仙去。铜梁张公爱其岩岫峻崿，遂自称为泸山云。"（《蠛蠓集》卷三，第823页）

　　"七子"之说，见王世贞《艺苑卮言》："于鳞所善者布衣谢茂秦来，已同舍郎徐子舆、梁公实来，吏部郎宗子相来，休沐则相与扬扢，冀于探作者之微，盖彬彬称同调云。而茂秦、公实复又解去，于鳞乃倡为五子诗，用以纪一时交游之谊耳。又明年而余使事骏，还北。于鳞守顺德，出茂秦，登吴明卿。又明年，同舍郎余德甫来。又明年，户部郎张肖甫来，吟咏时流布人间，或称'七子'，或'八子'。"（王世贞《艺苑卮言》卷七，第117页）

"后五子"之说，见《明史·文苑三》"王世贞"："后五子者，则南昌余曰德、蒲圻魏裳、歙汪道昆、铜梁张佳胤、新蔡张九一也。"〔（清）张廷玉等撰《明史》卷二百八十七，第7381页〕

"三甫"之说，见王世贞《艺苑卮言》："余自构家难时，橐馈之暇，杜门块处。独新蔡张助甫为验封郎，旬一再至，余固却之，张笑曰：足下乃以一吏部荣我乎？余归，张亦竟左迁以去。自是吾党有'三甫'，肖甫之雄爽流畅，助甫之奇秀超诣，德甫之精严稳称，皆吾所不及也。"（《艺苑卮言》卷七，第118页）

家　　世

　　张佳胤祖先为湖北孝感人，明洪武二年（1369）迁居蜀地，定居铜梁。

　　祖父巽，号守拙公。四岁孤，与母相依为命，少肆力于举子业。

　　杨慎《明故待封君南溧张公墓志铭》："铜梁之张，自楚孝感而徙，名洪者，生子曰天性，偕室胡避乱入蜀，乐铜梁之僻沃，家于吕，奉里而庐焉。天性生瑛。瑛生迥，娶于汪邑进士源之孙女，宋翰林学士浮溪公藻之裔也。迥生曰巽，号守拙居士，娶刘氏，是生南溧公，讳文锦，字素卿。"（杨钊《杨慎〈明故待封君南溧张公墓志铭〉考》，《文献季刊》2008 年 10 月第 4 期）

　　案：清初四川遂宁张鹏翮《大樟祖居》："柏沟樟树荫茅庐，始祖由来卜此居。（张自注："始祖万公，明初自楚迁蜀。"）三派辛勤躬稼穑（张自注："始祖三兄弟，一居铜梁，至大司马肖甫公（张佳胤）显；一居安岳，至侍御留孺公显；一居遂邑，自景泰时姚安太守至崇祯壬午，孝廉科第联绵。"），百年清白事诗书。宅心忠厚贻谋在，传世醇良积庆余。佑启后人培福德，莫忘高大耀门间。"（《遂宁张文端公全集》卷五）可见铜梁张佳胤与张鹏翮系同一先祖之后裔。

　　张鹏翮（1649—1725），字运青，号信阳子，四川遂宁人。清康熙九年（1670）进士，身仕康熙、雍正二朝。官至文华殿大学士兼吏部尚书，人称"遂宁相国"。清代治河专家、理学名臣。后人辑有《遂宁张文端公全集》，今国家图书馆有藏本。

　　《谢刘直卿翰读》："（张佳胤）先王父，一农夫耳，先君一经士耳。

虽耕读相守，不敢为盛世之戮民，然誉不出于枢户，乡族之外，谁则知之?"（《居集》卷五十七，第666页）

父张文锦，字素卿，号南溎，正德元年丙寅（1506）4月23日生，早年学毛诗经，为进士业。在邑庠以文行名，下第后，在家乡讲授毛诗，文章学苏洵。嘉靖三十五年（1556）二月初七，卒于家，年五十一。

母沈氏，生于弘治戊午（1498）九月十八日，卒于万历丙子（1576）十二月六日，七十九岁。

参见王世贞《封中宪大夫都察院右佥都御史南溎张公墓表》[《弇州四部稿》（以下简称《弇四》）卷九十五，第529页]。

杨慎《明故待封君南溎张公墓志铭》，参见杨钊《杨慎〈明故待封君南溎张公墓志铭〉考》，《文献季刊》2008年10月第4期。

陈以勤《皇明诰赠中宪大夫都察院右佥都御使南溎张公暨配封太恭人沈氏合葬墓志铭》，参见杨钊《杨慎研究——以文学为中心》，巴蜀书社2010年版，第262页。

张佳胤《先考南溎府君行状》，见《居集》卷四十九，第548页。

兄宗胤，嘉靖五年（1526）生，为庶出，在家务农以事孝亲，以孝谨闻，曾割股救父，例授太医院吏目。

张佳胤《先考南溎府君行状》："子二，长宗胤举丙戌年，……宗胤业儒不成，乃留意医学，尤精通伤寒，以例授太医院医官。"（《居集》卷四十九，第548页）

孟思《张孝子传》："岁甲寅，父忽膺疾痼笃，孝子日侍汤药，夜不寝者弥月。……引刀割左股已，乃和药暗进之父。"（孟思《孟龙川集》卷十四，第245页）

子五，妻向氏生三子一女，一子曰叔琦，授明威将军锦衣卫指挥佥事；二子叔珮，乡贡士；三子叔玺，授奉训大夫，南京左军都督府经历。

侧室赵氏生二子一女，一子曰叔珂，国子生；二子曰叔环，恩生。侧室火氏，生女一。

参见王世贞《光禄大夫太子太保兵部尚书赠少保居来张公墓志铭》（以下简称"王世贞《墓志铭》"）（《居集》卷六十五，第 742 页）。

年　谱

嘉靖六年（丁亥，1527年），一岁

七月五日，铜梁，母感异梦，张佳胤出生。

王世贞《墓志铭》："沈夫人感异梦而生公。"（《居集》卷六十五，第735页）

《先考南溧府君行状》："子二，长宗胤，举丙戌年，次即孤佳胤，举丁亥年。"（《居集》卷四十九，第549页）

《新修岳麓道院记》："嘉靖丁亥，我诞生铜梁城中。"（《居集》卷三十八，第441页）

《乙亥生日》："何待来春称半百，方知四十九年非。"（《居集》卷十八，第262页）

刘黄裳《明光禄大夫太子太保兵部尚书赠少保居来张公行状》（以下简称刘黄裳《行状》）："公（张佳胤）生嘉靖六年丁亥七月五日，卒万历十六年戊子闰六月十六日，享年六十有二。"（《居集》卷六十五，第733页）

嘉靖十二年（癸巳，1533年），七岁

跟随父亲张文锦学古文，日诵书千言。

王世贞《墓志铭》："公少颖敏秀俊异凡儿，七岁侍南溧公举古书

传语，即能谈质如素习者。日诵书千余言。"（《居集》卷六十五，第735页）

嘉靖十五年（丙申，1536年），十岁

在城西寿隆寺，张文锦为考举子业于其中学习经书，张佳胤陪侍期间并随父学习经书。

《雪庵昺禅师》："……入城西寿隆寺，……余侍南溧府君读书，寺僧遐趣，方丈中趣，即永师兄，比屋而居。……是时，余十岁，授经于先府君。"（《居集》卷四十五，第509页）

嘉靖十七年（戊戌，1538年），十二岁

郑七楼谒选为铜梁知县，任官五载。时张佳胤为童子，见器于先生，时时召见。

《文林郎四川铜梁知县七楼郑先生墓碑》："先生遂以戊戌春谒选除铜梁县知县。"（《居集》卷四十八，第538页）

郑天佑，号七楼，参见隆庆三年注。

嘉靖十九年（庚子，1540年），十四岁

张佳胤时已著才名。

刘绘《长歌赠张泸山》："张君十四著才名，横笔风烟动锦城。"（刘绘《嵩阳集》，第30页）

是年，其父张文锦草志《铜梁县志》八卷。

《铜梁县志序》："不佞先中丞南溧公为诸生，在嘉靖庚子间，草志八卷，以用其直，不附于私者之同异，至格其论不显。"（《居集》卷三十四，第410页）

是年，卢楠陷狱。

卢楠《酬德赋并序》："柟自庚子岁被诬系狱。"（卢楠《蠛蠓集》卷三，第818页）

卢楠，字少梗，浚县人，家以资财雄于乡。才高八斗，好诗文，为人跅弛，好使酒骂座，故尝得罪人。其父为其入资太学上舍，而终罢去。卢楠之冤案始于嘉靖十八年（1539）五、六月，时卢楠家中麦子积垛，"少似王磐石八百"。（孟思《卢生篇》，《孟龙川文集》卷二，第64页）卢楠到处使钱雇佣工，其中佣工张呆不仅消极怠工，还曾偷场麦，卢楠命人榜之，"强鞭数十叱逐之"。夜里突然狂风大作，倾盆大雨，呆被倒塌的墙压倒殒命。呆母讼卢楠殴打呆而致其死亡，这是卢楠入狱的直接原因。而卢楠冤案的间接原因，则来自与县令蒋宗鲁的个人私怨。卢楠事迹参见王世贞《卢楠传》，《弇四》卷八十三，第371页。

嘉靖二十一年（壬寅，1542年），十六岁

三月，内阁夏言以九年考满，复少师、吏部尚书、华盖殿大学士勋阶。不复起。

《明世宗肃皇帝实录》卷二百五十九"嘉靖二十一年三月"条："丙申，少傅兼太子太师礼部尚书武英殿大学士夏言一品九年考满，上遣中使赐言……，吏部以先年大学士杨士奇刘健赐敕宴例，上请奉旨：'言辅导朕躬，历官一品九载，懋输忠荩，久著贤劳，朕心嘉重，可复少师、吏部尚书、华盖殿大学士勋阶，兼官悉如旧赐。'"

《明世宗肃皇帝实录》卷二百六十四"嘉靖二十一年七月"条："革大学士夏言职。"

夏言，字公谨，号桂洲，贵溪（今江西贵溪）人。正德十二年（1517）进士，初授行人。擢兵科给事中。性警敏，善属文。嘉靖初，出按庄田，悉夺还民产。因大礼议而受宠，累官礼部尚书等。嘉靖十五年（1536）加少保、少傅、太子少师，以本官兼武英殿大学士入阁预机务。十七年（1538）为内阁首辅。十八年（1539）加少师，特进光禄大夫、上柱国。二十一年（1542）七月革职闲住。累加少师、特进光禄大夫、上柱国，擢为首辅，后为严嵩等构陷。二十七年（1548）正月尽夺官阶，以尚书致仕，再遭严嵩构陷，十月被杀，年六十七。明穆宗时复官，追谥"文愍"。

刘绘因两次弹劾夏言，被排挤贬谪，于此年冬季赴渝，出任重庆知府。

"刘绘，字子素，一字少质，光州人。祖进，太仆少卿。绘长身修髯，磊落负奇气。好击剑，力挽六石弓。举乡试第一，登嘉靖十四年进士，授行人，改户科给事中。明年（嘉靖二十一年），寇大入山西。绘上疏……顷之，劾山西巡抚刘臬结纳夏言，且请罢吏部尚书许瓒、宣府巡抚楚书。臬、书由是去职。绘两劾言，言憾之，出为重庆知府。"（《明史》卷二百八，第5507页）

《明世宗肃皇帝实录》卷二百六十五"嘉靖二十一年八月"条："给事中刘绘劾山西巡抚都御史刘臬缘结大学士夏言，吏部尚书许赞纳贿党奸，一筹莫展，冒破帑银修筑边墙，且掩败称功，专务欺罔，宣府巡抚都御史楚书沉酣高卧，将士离心，久握重镇，边备日弛，俱不职，宜罢。"

杨慎《答重庆太守刘嵩阳书》："癸卯（嘉靖二十二年）之秋，愈光北上，走则暂归。约同谒执事于渝，此彦会也。张以病不果行。走以献岁甲之朝，路贯贵区，竟逢其违。匆匆留手笔付马生，以答前款区区。"（《升庵文集》卷六，第73页）另外，杨慎此文后所附刘绘《与升庵杨太史书附》："春初得幸文驾经渝，适仆上叙泸谒御史府，乃辱书留加腆物与诸相识。"（《升庵文集》卷六，第75页）可见，嘉靖二十二年

（1543）春，刘绘已经在渝府任上。

另据刘绘《答祠郎熊南沙论文书》："昨年冬，弟赴渝，闻兄取道荆州，喜甚。急趋一会，至则又相参差，循江访之夷陵，乃知先下武昌矣。湘水兼葭，渺不可及。怅然入峡，有怀若苹，守渝州甫一年，新学吏道，与百姓亲悦。……。庚子岁，别唐应德（案：唐顺之，字应德，号荆川，江苏常州人），丁宁祝我早晚必与叔仁（案：熊过，字叔仁，号南沙）相论，谓兄思深而学博也。今兄移官适就应德之居，彼此又各暇豫，此天欲成其二美矣。有书寄应德，当为弟转致江州。"（《明文海》卷一百五十二，第 600 页）此文中未明确具体时间。熊过《云南新建白盐井库记》："嘉靖壬寅（二十一年）冬，过以罪谪来为白盐井副提举。"（《南沙文集》卷三，第 578 页，《四库全书存目丛书》第 91 册）

另，赵用贤《熊南沙先生墓志铭》："时会诏谕天下，例应祠祭郎进缴，敕书先生（熊过），业已在告，不赴，嵩因劾先生违慢不敬，诏镌三秩与远方，明日谪云南白盐井副提举。……明年如滇。……其冬，量移常州府通判。"（赵用贤《松石斋集》卷十七，第 256 页，《四库禁毁书丛刊》集部第 41 册）

《明世宗肃皇帝实录》卷二百四十八"嘉靖二十年四月"条："己卯，礼部祠祭司郎中熊过等以进缴诏书不至，为尚书严嵩所劾。上怒曰：'颁诏朝廷重典，义当修省方新，过等何放恣若此！尔年朕因多病罢朝，百官俱不体心放逸，纵大小皆然。为耳目之计者，便人自便。一不之劾，但掇拾逆词，以欺朝廷，何有主逸臣劳之义？熊过著降三级，远方用。'"可知，熊过被贬谪云南白盐井的时间在嘉靖二十年（1541）四月，其赶赴云南的时间当在此年冬天，正式任职则在嘉靖二十一年（1542）。并在嘉靖二十一年（1542）冬季量移常州府通判。而刘绘在赴渝途中，与来常州任通判的熊过在荆州交臂而过。因此，可以断定，刘绘赴渝的时间也在嘉靖二十一年（1542）冬季。

于此年成婚，有亲迎礼。

张佳胤《陈孺人墓志铭》："余又记，壬寅之年，亲迎余室。"（《居

集》卷四十五，第 500 页）

嘉靖二十二年（癸卯，1543 年），十七岁

写作举子业屡冠诸生。得重庆太守刘绘的赏识，绘令其子黄裳与张佳胤游。

刘绘《荣乐赋序》："绘生六龄，陨其所天。太夫人钟抚而守之，倘恍贞素，怀天谅之志，训绘登韩应龙榜进士。十又一年，叨拜太守，领重庆府，觍颜金章，丹朱其轮，可谓荣矣。"（刘绘《嵩阳集》，第 3 页）

张佳胤《中宪大夫重庆府知府嵩阳刘公暨配胡孺人墓志铭》："（刘绘）癸卯（嘉靖二十二年）改右给事刑科，未几出守重庆。"（《居集》卷四十五，第 502 页）

案：刘绘嘉靖十四年（1535）考中进士，若依刘绘《荣乐赋序》所言，十一年后拜重庆太守，则应为嘉靖二十五年（1546）。而刘绘致仕的时间在嘉靖二十五年（1546），因此《荣乐赋序》所记时间当有误。参见嘉靖二十五年条注。

朱保烱、谢佩霖编《明清进士题名碑录索引》（上海古籍出版社 1980 年版，第 2522 页）："嘉靖十四年乙未科 1535""第三甲二百二十七名"中，刘绘位列第二百一十名。

王世贞《墓志铭》："十七为诸生义，试辄冠诸生。时重庆太守光州刘（绘）公出行部，得公文而大奇之，使与其子游，即玄子也。刘公固以古文辞名，又好谈兵，多奇文籍，尽以属公。公闲与玄子谈英雄而叹曰：'大英雄者，其吾家子房乎！当其动以无之用，当其静以有之用，卒遇之而若素，忽敛之而叵测，若文子之谈笑于衷甲，周条侯之安卧于攻垒，斯其亚矣。'玄子异其志。"（《居集》卷六十五，第 735 页）

《光绪铜梁县志》卷八《人物志上》"名贤"："允（张佳胤）为诸生，光州刘绘为郡守，奇其才，召致门下，语其子黄裳曰：'今之乖崖也。'"

案：张佳允，即张佳胤。《光绪铜梁县志》卷八《人物志上》"名

贤”后注：“按襄宪名下一字，避国朝庙讳，《明史》及通志郡县志等书俱改作‘允’。”乖崖，指北宋名臣张咏（946—1015），字复之，号乖崖，谥号忠定，濮州鄄城人，进士，真宗时官至礼部尚书，诗文俱佳，以治蜀著称，著有《张乖崖集》。

刘绘《长歌赠张泸山》：“张君十四著才名，横笔风烟动锦城。二十射策明光殿，天子称词似马卿，忆昔江州识君面，绛唇绿鬓子相见，匠门老吏叹终童，金闺学士迎王粲。惭子衰髯悲秋风，羡君文藻争春艳。”（《嵩阳集》，第30页）

此年，张佳胤长子叔琦出生。

张佳胤《五子歌》：“我今行年三十七……大儿弱冠近有室。”（《居集》卷四，第103页）即在嘉靖四十二（1563）年时，张佳胤年37岁，其长子叔琦20岁，则叔琦应该出生在嘉靖二十二年（1543）。

三月，卢楠自编《蠛蠓集》并自序之。

（清）武穆淳修《浚县志》卷二十“艺文”：“因摭录旧作并狱稿文若干首，骚赋若干首，杂体诗若干首，构成几卷，命其集曰蠛蠓，时嘉靖癸卯春三月朔六日黎阳卢楠撰。”（《浚县志》卷二十，第1053页）

嘉靖二十五年（丙午，1546年），二十岁

是年四川省试举，士人多出刘绘门。

张佳胤《中宪大夫重庆府知府嵩阳刘公暨配胡孺人墓志铭》：“丙午，蜀试士，半出其中。”（《居集》卷四十五，第503页）

八月，夏言复入阁，加正一品俸。刘绘于重庆太守任上致仕。

案：刘绘门生方显在《刘玄湖先生春咏集序》中言“（刘绘）年四十归田。”（刘绘《嵩阳集》，第59页）。刘绘是在重庆知府任上致仕，其出生在弘治乙丑（1505），此年刘绘应为四十二岁。张佳胤《刻通论

序》中言："贵溪起，遂镟里中人亦论罢先生（刘绘），先生归也。……
先生谢政时，年甫逾四十。"（《居集》卷三十四，第406页）夏言于嘉
靖二十四年十二月复入阁，嘉靖二十五年八月加正一品俸。《道光重庆府
志》"重庆府知府"条："上官交荐（刘绘），而言（夏言）再入政府，
罢之。"（《道光重庆府志》卷四《职官志》"题名"，第144页）则可证
明，刘绘罢官，当在嘉靖二十五年，其致仕也应该在此年。

《明世宗肃皇帝实录》卷三百六"嘉靖二十四年十二月"条："戊
申，少师兼太子太师、吏部尚书、华盖殿大学士夏言起用，赴京。上悦，
命复原职，加大学士。"

《大明世宗肃皇帝实录》卷三百一十四"嘉靖二十五年八月"条：
"辅臣夏言加正一品俸。……先是大学士夏言以从一品九载秩满，诏升俸
一级。及起用，赐复原职，仍关领如故。至是有旨赐正一品俸。"

刘绘《玄湖记》："初归田，岁丁未（嘉靖二十六年）夏四月，予乃
以家务责任事臧获此庄租谷。"（《明文海》卷三百三十一，第639页）

刘绘《赠申阳邹太守序》："予自谏垣触罪，出守渝州三年，服自
论憬憬常注心目，期不敢负交游焉。"（《明文海》卷二百八十一，第
205页）

张佳胤《刻通论序》："嘉靖间，先生守重庆也，余为邑诸生，……
已而，先生罢归，越八年，而余始释褐。"（《居集》卷三十四，第406
页）

案：张佳胤在嘉靖二十九年释褐，其文中言刘绘罢归八年后始释褐，
当为自刘绘任重庆太守算起。

嘉靖二十六年（丁未，1547年），二十一岁

是年，刘澜任铜梁知县。

张佳胤《文林郎直隶高阳县知县锁山刘先生墓志铭》："丁未又下
第，……遂谒选授铜梁知县。"（《居集》卷四十六，第518页）

刘澜，字汝观，号锁山，湖北麻城人，嘉靖庚子岁中举，后上春官不第，以乡荐除铜梁知县，《光绪铜梁县志》"职官志""政绩"有其传。（第 672 页）

王世贞中进士，四月隶事大理，经同年李先芳、高岱招延入诗社。

《明清进士题名碑录索引》："嘉靖二十六年丁未科（1547）""第二甲九十名"中，王世贞排列第八十名。（第 2532 页）

王世贞《嘉靖丁未夏四月，余以进士隶大理得左寺，凡九人朝夕甚乐也。又明年六月，则八人者以次授去，独予在。晨候大吏升揭，散步空馆，顾影凄然，为赋一章》。（《弇四》卷十三，第 159 页）

钱谦益《列朝诗集小传》"丁集上""李同知先芳"："始伯承未第时，诗名籍甚齐鲁间，先于李于鳞。通籍后，结诗社于长安。元美隶事大理，招延入社，元美实扳附焉，又为介元美于于鳞，嘉靖七子之社，伯承其若敖、蚡冒也。"（第 426 页）

钱谦益《列朝诗集小传》"丁集上""高长史岱"："伯宗初与李伯承结社长安，进王元美于社中。"（第 435 页）

李先芳，字伯承，山东濮州人，嘉靖二十六年（1547）进士，除新喻知县，迁刑部郎中，改任尚宝司丞，升少卿，降亳州同知，不久迁宁国府同知，后因御史台弹劾罢官。

高岱，字伯宗，钟祥人，嘉靖二十九年（1550）进士，除刑部主事，出为景府长史。

李攀龙在北京，授官刑部广东司主事。

殷士儋《明故嘉议大夫河南按察司按察使李公墓志铭》："丁未，授刑部广东司主事。"（《金舆山房稿》卷十，第 783 页）

山东临清布衣谢榛为营救卢楠，携卢楠诗赋作品进京找诸贵人诉冤，入李先芳等人诗社。

王世贞《卢楠传》："故人谢榛先生者，携楠赋游京师贵人间，絮泣

曰：天乎，冤哉！卢生也。及楠在，而诸君不以时白之，乃罔罔从千古哀湘而吊贾乎？"（《弇四》卷八十三，第374页）

谢榛《为卢楠赋呈内台比部大理诸公》："黎阳河水咽寒声，词客凄凉气未平。白首才传鸚鹉赋，青天遥望凤凰城。夏台久待秋云破，春雨还看枯草生。独有郦炎同此恨，怜才复见古人情"。（《四溟集》卷六，第709页）

卢楠《酬德赋有序》："昔谢宣城作酬德赋，以报沈侯。楠自庚子岁被诬，系狱十年余，自分朽骴，永绝人世。赵王殿下悯然锓楠四赋，洒以睿藻，用雪梧台之冤。壬子冬，楠既以上命平反。"（《蠛蠓集》卷三，第818页）盖谢榛所携卢楠赋，当为赵王为卢楠刻印的四赋。

于慎行《明故奉直大夫尚宝司少卿北山先生李公墓志铭》："（李先芳）中丁未进士，时先生诗名已著，而不与馆选，识者惜之。乃与历下殷文庄公、李宪使于鳞、任城靳少宰、临清谢山人结社赋咏，相推第也。明年选为新喻知县。"（《谷城山馆文集》卷二十一，第609页）

《明史》卷二百八十七《文苑三》"李攀龙"："攀龙之始官刑曹也，与濮州李先芳、临清谢榛、孝丰吴维岳辈倡诗社。王世贞初释褐，先芳引入社，遂与攀龙定交。明年先芳出为外吏。又二年，宗臣、梁有誉入，是为五子。"（第7378页）

案：李先芳在嘉靖二十六年（1547）进士及第，嘉靖二十七年（1548）三月即离开北京除新喻知县，其与李攀龙、谢榛等人的结社，应该在嘉靖二十六年。因此，谢榛与李先芳认识并入社的时间，当在嘉靖二十六年（1547）。

《天宁寺同谢山人茂秦、章行人景甫、李比部于鳞饯李伯承明府，分韵得花字》："长安三月芳意赊，习习柔风黄鸟斜。春社虎溪能远送，暮云凫舄未堪遮。"（《弇四》卷三十三，第412页）可知李先芳于此年三月除新喻知县。

李庆立《谢榛研究》："（谢榛）1547年又因'爱其才，且悯其非罪，遂之都下，历于公卿间，暴白而出之。'"（齐鲁书社1993年版，第27页）

嘉靖二十七年（戊申，1548年），二十二岁

王世贞入吴维岳、王宗沐、袁福征社。

王世贞《艺苑卮言》卷七：“（王世贞）又四年成进士，隶事大理。山东李伯承奕奕有俊声，雅善余，持论颇相下上。明年为刑部郎，同舍郎吴峻伯、王新甫、袁履善进余于社。吴时称前辈名文章家。然每余一篇出，未尝不击节称善也。亡何，各用使事及迁去。而伯承者前已通余于于鳞，又时时为余言于鳞也久之，始定交。自是诗知大历以前，文知西京而上矣已。”（第117页）

钱谦益《列朝诗集小传》“丁集上”“吴金都维岳”：“吴维岳，字峻伯，孝丰人。嘉靖十七年进士，知江阴县，入为刑部主事，升山东提举副史，以金都御史巡抚贵州。峻伯在郎署，与濮州李伯承、天台王新甫攻诗，皆有时名。峻伯尤为同社推重，谓得吴生片语，如照乘也。已而进王元美于社，实弟蓄之，及李于鳞出，诗名笼盖一时，元美舍吴而归李。”（第434页）

钱谦益《列朝诗集小传》“丁集上”“王侍郎宗沐”：“宗沐，字新甫，临海人。嘉靖甲辰进士，仕至刑部右侍郎。在比部时，王元美所谓与同舍郎吴峻伯、袁履善进余于社者也。”（第434页）

王世贞与李攀龙定交，切磋古文辞。

李攀龙《送王元美序》：“先是，濮阳李先芳亟为元美道余，及元美见余时，则稠人广坐之中而已心知其为余，稍益近之。”（《沧溟集》卷十六，第200页）

案：王世贞与李攀龙相识最初由李先芳引介，李先芳于嘉靖二十七年（1548）除新喻知县。而二人的定交、往来密切应该在嘉靖二十七年。

嘉靖二十八年（己酉，1549 年），二十三岁

是年，中省试举。

（清）韩清桂等修，陈昌等撰《光绪铜梁县志》卷六"选举志·举人"："张佳允，嘉靖二十八年己酉科。"

嘉靖二十九年（庚戌，1550 年），二十四岁

是年，中进士。同年进士及第的还有梁有誉、宗臣、徐中行、吴国伦、魏裳（《碑录索引》中写作"棠"）、余应举（后改名余曰德）、高岱、陈宗虞、张四知等人。

《明清历科进士题名碑录索引》"嘉靖二十九年庚戌科（1550）"：张佳胤位列三甲第一百八十三名。（第 2536 页）

王兆云《皇明词林人物考》卷十"张子畏"条："是岁，礼部所籍奏士多海内文学之选，号称极盛。而时诸公聚阙下，若淮扬宗子相、岭南梁公实、吴兴徐子与、豫章余德甫、鄂州吴明卿、西蜀张肖父辈并驰声骚苑。"（第 698 页）

徐中行中进士后，授刑部主事。

俞允文《青萝馆诗序》："嘉靖间，余友徐子舆以进士初官刑曹郎。"（徐中行《青萝馆诗》前序）

钱谦益《列朝诗集小传》"丁集上""徐布政中行"："嘉靖庚戌进士，授刑部主事。"（第 432 页）

张佳胤考取进士后，并未马上授官，曾以使过安徽定远，拜见定远知县胡廉。

张佳胤《定远县知县胡公祠堂碑》："嘉靖庚戌间，不佞始成进士，以使过其境，公觞不佞于郊。"（《居集》卷四十八，第535页）

胡廉，人称肥溪先生，楚之崇阳人。嘉靖年间乡举人，为定远知县，后迁大兴。

回铜梁省亲，欲接父母同赴选官之地，父不允，只得独自回到京师。

孟思《张孝子传》："未几，佳胤举庚戌进士，未授官也，遽以省亲归。孝子曰：'事亲，吾志也。终于事君，斯孝之大，子姑勉旃。'佳胤依依弗去。父命之再，乃行。授畿之滑台令。"（《孟龙川文集》卷十四，第245页）

回铜梁途中，曾经陕西凤翔，拜见孟汝浚。

张佳胤《中宪大夫陕西凤翔府知府南泉孟公合葬墓志铭》："嘉靖庚戌，余为进士。迳凤翔境，闻公（孟汝浚）贤，投马传舍中接见。"（《居集》卷四十一，第473页）

孟汝浚，字子哲，山西蒲州人，时为凤翔知县。嘉靖四十一年（1562），以礼官播迁领蒲州牧。孟汝浚在嘉靖四十三年（1564）卒，张佳胤作《中宪大夫陕西凤翔府知府南泉孟公合葬墓志铭》。

嘉靖三十年（辛亥，1551年），二十五岁

是岁，李攀龙、王世贞、宗臣、徐中行、梁有誉、谢榛结社京师，于时称"五子"。

王世贞《艺苑卮言》："（王世贞）又四年成进士，……明年为同舍郎，……于鳞所善者布衣谢茂秦来，已同舍郎徐子舆、梁公实来，吏部郎宗子相来，休沐则相与扬扢，冀于探作者之微，盖彬彬称同调云。而茂秦、公实复又解去，于鳞乃倡为五子诗，用以纪一时交游之谊耳。"（第117页）

俞允文《青萝馆诗序》："嘉靖间，余友徐子舆以进士初官刑曹郎，有能诗声，故河南按察使济南李攀龙、山西按察使吴郡王世贞于时同官，遂相砥砺，声益藉藉起矣。处士临淄谢榛、故福建按察副使广陵宗臣为吏部主事，荆楚吴国伦为给事中，故刑部主事岭南梁有誉皆集京师属附之，各竭所长，以出隽语。故刑部尚书吴兴顾公应祥甚有重望，善鉴人伦，以为数子者并足驰骋古人，当世不能侔也。"（徐中行《青萝馆诗》前序）

钱谦益《列朝诗集小传》"丁集上""宗副使臣"条："子相在郎署，与李于鳞、王元美诸人，结社于都下。于时称五子者：东郡谢榛、济南李攀龙、吴郡王世贞、长兴徐中行、广陵宗臣、南海梁有誉，名五子，实六子也。"（第431页）

是年，梁有誉授官刑部山西司主事。

案：梁有誉《壬子长至》："曾侍朱衣献履辰，惊看此日物华新。中原天地犹寒色，南国山川自战尘。鸿雁塞遥恒避腊，柳梅谷暖暗生春。"（《兰汀存稿》卷五，第659页）从此诗写作的内容看，当作于因病辞官归家后。欧大任《梁比部传》中言梁有誉在京"旅食三年，萧然一室，……居比部岁余，即上疏谢病归"。梁有誉《归自燕都贻诸弟》："解组返里间，是时秋冬交。……酌醴复烹鱼，奈何三载暌。"（《兰汀存稿》卷二，第629页）可知，梁有誉在京"旅食三年"，其中"居比部岁余"，回到家乡的时间在秋冬之交。而梁有誉在嘉靖三十一年（1552）冬季时至少已回到家乡。因此可证，梁有誉授官刑部主事的时间在嘉靖三十年（1551）。参见下年注。

王世贞《明故中宪大夫福建按察副使午渠余公墓志铭》："（余德甫）又明年（嘉靖二十九年）乃成进士，使于豫章。……明年还朝，至冬始授刑部贵州司主事。……时历下李于鳞与世贞相劘琢为古文辞，而吴兴徐子舆、南海梁公实实同舍郎。"［《弇州续稿》（以下简称《弇续》）卷一百一二，第575页］

王世贞《明承直郎刑部山西司主事梁公实墓表》："（梁有誉）已成

进士燕中，即又倾燕中人，而居恒不自得，郁郁思归。补尚书刑部郎，间与其同舍郎李攀龙、王世贞游，乃稍自愉快，曰：'世故有人哉！'而郎宗臣已去为吏部，休浣辄一来。俄而郎徐中行来，中行故常与公实游南太学，深相结者也。以是日相与切劘古文辞，甚欢。"（《弇四》卷九十四，第523页）

梁有誉，字公实，顺德人。嘉靖庚戌进士，授刑部主事。以念母，移归里。卒时年仅36岁，有《兰汀存稿》存世。

九月，吴国伦在京，选为中书舍人。

《大明世宗肃皇帝实录》卷三百七十七"嘉靖三十年九月"条："进士吴国伦、严杰为中书舍人，分送两房办事。"

宗臣除刑部主事，旋改吏部考功郎。

王世贞《明中宪大夫福建提刑按察司提学副使方城宗君墓志铭》："明年（嘉靖二十九年）成进士高第，授刑部广西司主事。太宰李公默见君文而奇之，调为其属，得考功故事吏部郎。自相贵绝，不复通他曹郎。而君日夜与其旧曹李于鳞、徐子舆、梁公实及不佞世贞游，益相切劘为古文辞。考功署中自公令外，多不复酬往。而君少年骤贵显，诸曹偶不无目摄之矣。"（《弇四》卷八十六，第414页）

钱谦益《列朝诗集小传》"丁集上""宗副使臣"条："臣，字子相，兴化人。嘉靖庚戌进士，除刑部主事，改吏部考功，历稽勋员外郎，出为福建参议，迁提学副使，卒于官，年三十六。"（第431页）

案：刻版于万历七年（1579）的魏裳《云山堂集》中收录张佳胤《魏顺甫云山堂稿序》，言嘉靖中王世贞、李攀龙善为古文，无有应和。至嘉靖庚戌年魏裳、吴明卿、宗臣、徐中行、梁有誉、余德甫，以及"不佞佳胤自蜀始，左右二子讲业燕中甚盛"（魏裳《云山堂》前序），而刻版于万历十二年（1584）的张佳胤《居来山房集》中收录的《魏顺甫云山堂集序》中却少了两句："不佞佳胤自蜀始"以及最后一句"万历己卯（七年）秋七月既望铜梁同年友人张佳胤肖甫撰"（《居集》卷三十五，第 413 页）。事实上，张佳胤、余日德此年并未加入后七子最初的诗社唱酬。

在后七子结社之初，张佳胤并没有入社，但欣羡不已。

王世贞《墓志铭》："于鳞郎刑部时，与余及同舍郎徐子舆、梁公实、宗子相及吴舍人明卿歌诗酬倡，颇传于人人，公（张佳胤）意艳之。"（《居集》卷六十五，第 736 页）

在京城，曾与吴国伦、梁有誉游。

张佳胤《挽梁公实五首》其三："燕台曾作客，访尔过诸天。共作三花树，同参七祖禅。追思犹顷刻，见面已山川。莫听邻家笛，纵横泪泫然。"（《居集》卷五，第 122 页）

案：张佳胤在嘉靖三十四年（1555）再赴北京与诸子游时，梁有誉已先于嘉靖三十三年（1554）去世，故两人的交游仅限于嘉靖三十年（1551）。

谒选得除滑县令。吴国伦、梁有誉送别。

刘黄裳《行状》："（张佳胤）庚戌成进士，明年授滑县令。"（《居集》卷六十五，第 725 页）

吴国伦《送张肖甫之滑县令》："君行为茂宰，犹夫迩京华。邑枕黄河曲，山连魏郡斜。鸣琴清案牍，露冕问桑麻。肯使循良传，徒为汉吏夸。"（《甔甀洞稿》卷十，第 611 页）

梁有誉《送张肖甫之官滑县》："相送滑县去，人欢得茂先。艰危希令宰，经略赖时贤。地势九河会，风光三辅连。丁男方筑塞，甲士欲防边。土俗嗟劳止，登临几慨然。听莺到花县，驻马问桑田。遥拂冲星剑，开挥流水弦。君才堪制锦，吾意谩思玄。倚玉惭多拙，投珠贵自全。鹡鸰应有赋，鸿雁早须传。"（《兰汀存稿》卷三，第 644 页）

约冬季，赴任滑县。

案：张佳胤实际赴任滑县的时间，在刘黄裳的《行状》、王世贞的

《墓志铭》中都语焉不详，仅有"二十三举于蜀，明年遂成进士，出补大名之滑令"。（《居集》卷六十五，第735页）据《重修滑县志》言张佳胤"由进士嘉靖三十一年任"。（《金石录》卷十，第2430页）《重修滑县志》中载明澶渊晁瑮撰写的《嘉靖三十四年滑县知县张佳胤德政碑》中言："嘉靖壬子，蜀铜梁张侯以才进士来知滑甫。再期，政平教兴，荐刺屡腾。又明年，特召拜户曹主事以去。……予自壬子以疾告归澶，得侯之政于始，暨乙卯（嘉靖三十四年）奔先徵仕仆，又得侯之政于终。"（第2444页）亦言张佳胤始赴任为嘉靖三十一年（1552）。而张佳胤在《旧志序》中亦言："嘉靖壬子，余令兹土。"[（清）姚德闻修，吕夹钟纂《滑县志（康熙）十卷》前序收录张佳胤"旧志序"，清康熙二十五年增刻本，第27页]

另外，关于张佳胤上任之前的滑县县令任环，《重修滑县志》言其"山西长治县人，由进士嘉靖二十九年任，擢苏州同知"。（王蒲园纂《重修滑县志》卷十《金石录》，第2430页）王璜《嘉靖三十年滑县知县任环德政碑》言："（任环）今以贤征去矣。"（《重修滑县志》卷十《金石录》，第2438页）《重修滑县志》记录的《嘉靖三十年重建白云茅屋记》（《金石》卷十，第2436页）中言为"任令重建焉"，时间在"嘉靖辛亥秋日立"，其中未言及任令将离任之事。可知，任环在嘉靖三十年（1551）即改任他官，而秋季时至少仍在滑县任上。张佳胤赴任至滑县后，与任环谋面，两人亦有交情往来，任环《答张泸山书》："年来奔走黄尘，守滇海，日惟猿猱对垒，鱼鳖是见。想君子颜色邈焉神驰，欲把手谈心，以道暌违之苦，直是无由，惟于北来缙绅口中闻盛美日益新。"（《山海漫谈》卷一，第587页，《四库全书》第1278册）故此可推测，张佳胤从嘉靖三十年（1551）经谒选得滑台令，到任滑县的时间应该在嘉靖三十年（1551）秋冬季。

另外，张佳胤离开滑县的时间在嘉靖三十四年（1555）五月，关于其接任者孙应魁，《重修滑县志》中言其："直隶上海人，由进士嘉靖三十五年任。"（《重修滑县志·金石录》卷十，第2430页）而孙应魁实际到任滑县的时间在嘉靖三十四年（1555），晁瑮《嘉靖三十四年滑县知

县张佳胤德政碑》中言："某以白之新令上海新侯，侯曰：'可。'遂碑
于县衙之右。"（《金石录》卷十，第2444页）卢楠《滑县东城门见山楼
碑》："乙卯岁（嘉靖三十四年），上海孙侯以新汰令起服，来莅兹土。"
（《蠛蠓集》卷二，第800页），可见，孙应魁赴任滑县的时间在嘉靖三
十四年（1555），张佳胤离任后。因此，可以推知，《重修滑县志》中言
"张佳胤由进士嘉靖三十一年任"，是指任职时间从嘉靖三十一年
（1552）起计。

任环，字应乾，山西长治人。嘉靖二十三年（1544）进士，历知
黄平、沙河、滑县，迁苏州府同知。以破倭功擢右参政，整饬苏松兵
备。卒，赐光禄卿，建祠苏州。明史有传（《明史》卷二百五十，第
5418页）。

嘉靖三十一年（壬子，1552年），二十六岁

夏，梁有誉因病辞官回家乡广东顺德，参见上年注及下条注。

宗臣《报梁公实》："去夏与足下握别寺上，……足下别去一月，又
为别元美。元美既去，仆病，十月上书，幸主上恩赐，俾得就医故园，
今高枕草庐已暮春矣。"（《宗子相集》卷十四，第161页）

王世贞《梁公实》："昨足下行，未几，仆遂衔命出。问途中人足下
动止，历历恨莫及耳。抵家，苦应酬久，稍稍释。……于鳞书来，言贤
弟复得隽，大喜。足下眠更稳。"（《弇四》卷一百二十，第46页）

案：梁有誉弟弟梁有贞，又写作梁有正，（清）郝玉麟修《广东通
志》卷三十三《选举志三》"举人""嘉靖三十一年壬子乡试榜"："梁
有正，顺德人，知州。"（第427页）可证，嘉靖三十一年（1552）梁有
誉辞官归家。

王世贞《毛侍御》："梁有贞，故人公实弟也。"（《弇续》卷二百
二，第850页）

（清）郝玉麟修《广东通志》卷四十七"人物志""文苑""右高州

府":"梁有誉,字公实,顺德人,……以嘉靖庚戌进士授刑部主事,
……弟有正,绵州守,亦能诗。"(第 279 页)

秋,王世贞出京,案狱淮阳。

王世贞《仲蔚先生集序》:"余以嘉靖癸丑有淮阳谳,而投俞先生
诗,与定交。"(《弇续》卷四十四,第 586 页)

俞允文《送王郎中元美还京师序》:"去年秋,王元美以刑部员外郎
奉诏案决庐、扬、凤、淮四郡之狱。……俄迁本部郎中。七月之吉,将
还京师。"(《余仲蔚先生集》卷十,第 702 页)

宗臣《报王元美》:"仆七月与足下别,数日即病,病甚,遂上书。
于鳞、子舆强仆起,仆不起。行时,三子夜携酒视我邸舍中,惟足下不
在,相顾动颜色。明日遂别诸子,行计时,谓至淮得足下一会。至淮,
足下已去才四五日耳。"(《宗子相集》卷十四,第 160 页)

可知,王世贞在嘉靖三十一年(1552)秋谳狱淮阳一带。梁有誉在
之前一个月即辞官离开京师。

秋,谢榛至滑县,与张佳胤游。

《重修滑县志》记有张佳胤与谢榛同游滑县城南的瓠子堤时所留诗
篇《秋夜瓠子堤二首同谢山人赋》,落款时间为"嘉靖壬子秋蜀铜梁张
佳胤书"(《重修滑县志·滑县金石录》卷十,第 2442 页)。

张佳胤《秋夜瓠子堤二首同谢山人赋》:

晚共山人酌,微茫万木齐。黄河余右岸,白马对长堤。野水芙蓉乱,
浮空海日低。临风思汉武,歌罢夜乌啼。

天色清于水,如何此夜情。宣防空绿草,瓠子自歌声。双径秋潭碧,
千山月影明。关河戎马泪,华发几茎生。

十月,宗臣因病上书,回家就医。参见此年注。

是年,即赴浚县与浚县令陆光祖会审卢楠冤狱案,并与陆光祖廉其
冤白,上帖。未及卢楠出狱,邀卢楠至滑县府中。

王蒲园等纂《重修滑县志·滑县金石录》卷十："佳胤会审，与浚令陆光祖廉其冤白，上帖，未下。公惜楠才，邀入署。见楠时，手械未脱，见阍人列榻雁行，抗颜曰：'有死卢楠，无侧坐卢楠。'佳胤惊谢曰：'越石父，晏婴诚罪矣。'其豁达类如此。"（第2447页）

（清）武穆淳修，熊象阶纂《浚县志》"艺文"卷二十"《蠛蠓集五卷》"之"张佳允序曰"："山人初囚浚狱，余时时闻劳。（卢楠）及出狴狚，而银铛桎梏犹□拘挛也。山人则诣余厅事，稽首谢余，始识面，亟引副□中，阍人列榻雁行，山人举械手揖余曰：'楠，鸟鸢之余肉也，以分何敢望见君侯，顾君侯知己，宜当客礼。'遂上座。夫祢正平、越石父不见于今久矣。山人甫释男冠，手木且未脱，即俨然据上坐，英论四发，不作沾沾困苦之态，然则□之龌蹉缩肉改廉患难者何可胜数，亦山人自豪一世矣。"（第1046页）

"陆光祖，平湖人，进士，嘉靖二十八年任。"（《浚县志》卷三《职官表》"知县"，第143页）

陆光祖，字与绳，平湖人。嘉靖二十六年（1547）进士，除浚县知县，累迁至吏部尚书。《明史》有传。

冬天，卢楠出狱。张佳胤与陆光祖联手上书，终于得到朝廷的特赦。

卢楠《酬德赋有序》："嘉靖壬子冬，楠既以上命平反。"（《蠛蠓集》卷三，第818页）

嘉靖三十二年（癸丑，1553年），二十七岁

三月，上计归来，在县府衙中擒拿两名大盗。卢楠为之作《滑县尹西蜀张公擒贼记》。

卢楠《滑县尹西蜀张公擒贼记》："西蜀张公尹滑之三年，是为嘉靖癸丑。其时京邑多巨盗，大侠因伺挟勋贵人获金宝殆遍。中有盗魁仼敬、高章，一日谋曰：'闻三辅州县帑金多，可挟取。'乃阴贿西台吏，得诸

直指所奏署帑金簿，惟滑帑金一万有奇。相语曰：此奇货也。于是阴结其党王保、刘竣、任胡子等，歃血盟。各市良马一匹，潜至滑城外。王保等三贼倚马待，而敬、章二贼则入城。是其岁三月之望日也。公甫上计归，晨起坐堂皇，延见父老毕。忽有二人称锦衣使投刺，门者难之，辄手挝门者。敬诈称锦衣百户，从甬道入。章诈称校尉，悬圆牌，从左角门入。二贼直闯堂阶，北向立。公窃意此必猾人之隶籍锦衣归取帖办者，而胡狂悖乃尔？心怪之，判案如故。敬前，厉声曰：'此何时？大尹犹然倨见使臣乎？'公稍动容，避席与揖，敬曰：'身奉旨，不得揖。'公自谓'是必逮我矣'，乃命左右设香案，请旨谢，就系。敬复附公耳曰：'非逮公也。旨欲属公没耿主事家耳。'其时滑有乡先生耿君随朝者，任户部主事，管明智坊，草场火，诏系都官狱。公闻之，益信。而颜始解。公遂延二贼后堂，始揖。敬曰：'吾与公了此事，不可令左右闻。'公乃出，令屏左右。敬右顾堂西一室，问：'此何室也？'公曰：'此践更卒夜直所。'敬拉公左手，章拥公背，同入室。敬拉公并坐炕上，章坐其门。公问曰：'若既欲没耿氏家，何不商诸堂中，而至此室也？'敬掀髯，笑曰：'公不知我耶？我霸上客。来借公帑中万金。'遂出匕首，章亦出匕首，交置公颈，曰：'事成，则生。不则有如此匕首。'公始知为贼，亦不为动。乃从容语二贼曰：'尔所图者财，非报仇也。吾即愚，奈何以财故轻吾生耶？即不匕首，吾书生孱夫耳，能抟尔耶？尔休矣。且尔既诈称锦衣天使，何乃自露本相如是？邑中必有窥之者，非尔之利也。'二贼以为然，遂袖匕首。公曰：'滑，小邑。帑藏安得万金？'敬即出扎记录，直指使所报诸州县帑金数以视公。而滑所贮果万金有奇，公览而惊异之。遂不复办，但请勿多取，以累吾官。反复开谕，语久之，二贼曰：'吾党五人，当予五千金。'公谢曰：'尔减半矣。幸甚！但尔仅两人，奈何囊中可装五千耶？抑何策出此官舍耶？'二贼曰：'公虑良是。公当为我具大车一乘，载金其上，仍械公，如诏逮故事。坐公车门，勿令一人从。从，即先刺公候。车行及夜深时，吾党从沙中出，人各携千金跃马去。然后释公归，吾计如此云。'当是时，邑中士民无不知其为贼，无不愿为公出死力者，第虑公未必知也，而公又虑邑中无有知者。二贼又数数语公，屏左右无敢前者，一身独苦。意欲缓二贼，徐图之。乃语二贼曰：'吾即取诸帑中易易耳，但尔逮我而昼行，非尔之利也。邑人必潜尾其后，岂有邑父母逮去，而子民恝然者？邑人困尔，尔必刺我，即尔亦何利焉？为尔计，夜行则无从觑耳。'二贼相顾称善。公又语二贼曰：'尔既待夜矣。吾又为尔计，帑金皆诸司积贮，其锭大，凿有字号，不宜动，动则诸司分捕，易以物色，亦非尔之利。邑中多富民，不若如数贷之，以遗尔，尔可安枕。且于库藏无失，不累吾官，尔之德也。尔从则贷，不则即出帑金，利害孰便，惟尔择之。'二贼益善公计，惟公命。公属章传命吏刘相来，相大有心计人也。相至，公谬为语曰：'吾不幸遭意外事，若逮去，死无日矣。今锦衣公有大气力，不欲逮吾去，心甚德之。吾欲具五千金为寿。'相吐舌曰：'安得办此？'公蹑相足曰：'非办于我者。每见汝邑人，富而好义。吾令汝为贷。'遂取纸笔，手书：某也上宜若干，某也中宜若干，共九人。符五千数，令之陆续来报。是九人者，善捕力士也。公又语相曰：'天使在九人者，固富室。宜盛服谒见，勿以贷金，故作窭人状。'盖不欲露其力士本相也。相乃大悟，出。公心知外间有为之计者矣，奈不得出此室，则语二贼曰：'吾为尔计不浅，尔既诈称锦衣天使，顾不为礼于后堂，而局踏贱卒，直所启外人疑，亦非尔之利也。吾即与尔偕出，吾岂能翼飞耶？'二贼首肯。敬假锦衣官体貌，与公揖让，出后堂，分宾主而坐，供茶，恭逊如礼。章假校尉体貌，声言官长在，不敢坐，则拥公背侍立，不旋踵。公自计无可脱身，会寒风拂面，公托言避风，与二贼复入室中，以示无他意，二贼则喜。公又与二贼曰：'尔远来，饥矣。吾令门子取酒食与尔酬酢，尔慎勿露本相。'二贼又首肯，果复如礼。公先饮食，以示不疑，戒二贼勿多饮，以示恩款。则二贼益喜，酒毕。曩所属九人者，各鲜衣如富家子，以纸裹铁器，捧之陆续门外。谬云：'贷金已至，但贫不能符其数。'作哀免状，二贼闻金至，且见其人果富家状，则又大喜谓公：'不我给也？'公心知外间业已有备，奈何得再出此室。则高声语二贼曰：'吾待僚友素厚，吾今有罪，而僚友不相恤，意何薄也？吾固不足重，锦衣天使彼不当谒见耶？'阳浮怒之，语闻于外。少选稽县丞、张主簿各持

刺相候于后堂。二贼不欲出见，公曰：'同僚专为尔来。'公乃固为揖
让，而二僚在后堂距此室数武耳。瞻盼二贼，又固为揖让。而二贼又假
锦衣体貌，遂不觉互相揖让而出，与二僚交拜。又复如礼公，欲乘其答
拜时擒之。则章拥公背，固不旋踵。计无可施，公乃谓二僚曰：'吾贷富
人金，以予锦衣。正赖同僚在此，明证其事。他日偿之，彼无辞耳。'二
僚乃留不去。而二贼相与雍容揖让，为锦衣体貌。不得复还入室矣。公
谬为予金状，呼天平，则天平至。呼几案，则几案至。公又呼曰：'此几
小，置金几何？库中素有长几，能置多金，胡不取以来？'则长几至，横
之后堂。其时敬据客位，南向坐，公与二僚据主位，北向坐，而长几界
于其间，公幸与敬稍隔矣。奈章固拥公背，不旋踵，北向侍。公计所以
稍远之，则起持法马，语章曰：'汝官长方，与吾辈为礼，何暇视法马？
则视法马者，尔之事也。'章利在得金，稍就几视法马，而九人者捧其所
裹铁器竟前，谬为发金状。公稍脱身，离章数武，则大呼九人者擒贼。
公与二僚从前堂出，敬起扑追公，不及，拔刃刎于树下。章亦将刎，为
捕人持之，得不死。拷讯出城外王保等三贼主名，亟捕之，已亡命入京
矣。公为上状今太傅陆都督，尽付诸理，与章等俱论死，磔于市。卢楠
曰：公尹滑，裁逾弱冠耳。贼岂不谓公易与哉！乃公神明内蕴，镇静外
施，白刃交加，了无惧意。贼之魄先夺之矣。至于从容应对，委曲中款，
听其言，无非为贼谋，亦无非所以谋贼。所谓中理之言，可以集事。贼
竟不能出公成算中矣。窃谓公处此事，仓卒不乱，逆境两忘。一动一言，
若或相之，此盖本之以德，运之以量，发之以智，成之以福，异日肩天
下大任，卜于兹矣！善乎万太史碑略曰：宋韩魏公所遇，殆荆轲者流。
彼固节侠，故能激之以忠义。如二盗者，贪利之心固结于中，化不可入，
威不可用。藉令魏公当之，宁复过此？知言哉！公之德政，非一滑之民
尸而祝之矣。兹特论处盗一节，以示天下后世，临利害者，知所取衷
云。"（《明文海》卷三百八十，第413页）

是年，曾经还蜀，接父母来滑就养。

（清）陈梦雷编《方舆汇编·职方典》第一百四十八卷"大名府部

纪事三"："《滑县志》：'铜梁襄宪张公佳引（按《滑县志》为清人所作，清人为避庙讳，多将张佳胤改作"张佳允"，或"张佳引""张佳荫"），明嘉靖时曾为滑令。铜梁有宋名臣度正侍郎墓，岁久湮没，公父南溪公（案：张佳胤父亲号南溪公，"溪"为误字。）偶于荒草间得断碣，叙穴所甚详。盖墓地临寺，寺僧占夺久矣。公欲闻官，僧惧，还地。公复为立墓。时襄宪公为诸生，请于监司，为立绰楔，岁时设祭。当公酬之夕，梦神告曰：'微公，吾遂馁，敬报尔以白马黄牛。'公亦不解，所谓后襄宪公登第，尹滑，迎南溪公（案：此处文字有舛讹，应为"南溪公"）就养宦邸。舟经黄牛峡，几覆，恍惚间若有引披之者，遂免溺。后公治滑，忽有二大盗假作锦衣，突入官衙，挟公以匕首相迫，公仓卒间神色不变，用计立擒二盗，人以为神助。时南溪公在任，始悟白马乃滑古邑名也，黄牛白马之言验矣。'"（《古今图书集成》第74册，中华书局影印本）

《方舆汇编·职方典》卷一百四十八《大名府部外编》："张肖甫大司马为诸生时，常梦选官赴任在一塚墓间，自疑必非寿征也。比嘉靖庚戌捷春榜，筮仕滑令。到任谒祭滑伯祠，始知墓在衙内。俨然梦中景也。食禄有方，信哉！"（同上）

卢楠送别。

《送张泸山还蜀》："朝思蜀草绿，夜见汉鸿飞。溪县青春满，山关紫气围。饮余看宝剑，歌罢弄金徽。别去应相忆，铜梁音信稀。"（《蠛蠓集》卷五，第877页）

案：张佳胤在嘉靖三十四年（1555）之后再未与卢楠谋面，而卢楠出狱在嘉靖三十一年（1552）。所以，此首诗当作于张佳胤在滑县任上的嘉靖三十一年（1552）。

是年，董世彦任浚县令。

张佳胤《祭董总制子才文》："余与公异姓兄弟，仕也同郡，生也同庚。黎阳白马，一舍两城，切劘治行，并起良声。余郎计部，公寻

踵武。"（《居集》卷六十四，第 718 页）

《浚县志》卷十九"循政"："董世彦，字若波，禹州进士，嘉靖三十二年任知县。"（第 981 页）

董世彦，钧州（今禹州）人，字子才，与张佳胤同庚，嘉靖三十二年（1533）登进士。初授浚县知县，为政有"和乐简易"的声誉。历任户部主事，官至兵部右侍郎，总督三边军务。

七月，王世贞从淮阳谳狱回至京师，参见上年注。

宗臣《再报元美》："扬州使来，时值岁暮，乃云归，且供椒柏，罢灯市，既领报书入吴矣。日望其来，不来也。至三月暮始来，……足下还吴值春，……昨得于鳞顺德之报，……足下当七月还朝。"（《宗子相集》卷十四，第 161 页）

是年，李攀龙出守顺德。

殷士儋《嘉议大夫河南按察使李公墓志铭》："癸丑（嘉靖三十二年），出守顺德。"（《金舆山房稿》卷十，第 783 页）

约在秋天，张佳胤过钜鹿（今河北邢台），以诗为贽，与太守李攀龙结识，从游密切，并受其赏识。

王世贞《墓志铭》："公（张佳胤）居邑多暇，乃益为歌诗。而李于鳞守顺德为比壤，……乃谒于鳞，出其诗为贽，于鳞大善之，与折节讲钧礼，然公益心仪于鳞矣。"（《居集》卷六十五，第 736 页）

李攀龙作《同张滑县登清风楼》："层楼落日倚蹉跎，明府高轩载酒过。槛外秋阴开大陆，帘前树色散漳河。关门紫气临燕满，风雨青山入晋多。我醉欲裁王粲赋，故园戎马近如何。"（《沧溟集》卷八，第 98 页）诗中"张滑县"即张佳胤，"秋阴"等语，当可证为秋天所作。

张佳胤《过顺德怀旧郡守李于鳞》："当年曾并李膺游，无日开尊不郡楼。"（《居集》卷十三，第 202 页）

在滑县，数与好友卢楠、王璜、陆柬、董世彦、孟思等登河南浚县的大伾山。

张佳胤《王廷实侍御，陆道函、董子才二明府，孟得之进士，卢少楩山人登大伾山，得峣字》，《居集》卷五，第117页。

孟思《大伾山同陆梦州明府、王大伾侍御、董右坡明府钱张泸山，分韵得微字》，孟思《孟龙川文集》卷三，第69页。

孟思《夏日同张泸山、陆梦州、董右坡、王大伾、卢浮丘登大伾，分韵得温字》，《孟龙川文集》卷四，第80页。

"王璜，字廷实，正德十六年进士。慷慨有气节。……官御史，偕阁臣谏议礼。巡按浙江，……以忤时相罢归。所著有《大伾子集》《黎阳杂咏》。"（《浚县志》卷十六"人物"，第778页）

陆柬，字道函，号梦洲，金华人，河南祥符县（今开封）民籍。明嘉靖二十九年（1550）进士。曾任大理寺评事，仕至贵州都匀知府。

"孟思，字正甫，号龙川。嘉靖乙酉举人，选南阳府通判，未之官，卒。思幼敏慧，读书目数行下，为古文辞，下笔立就。名藉甚，……性廉介，笃友道，……所著有《龙川集》。"（《浚县志》卷十六《人物》，第779页）

嘉靖三十三年（甲寅，1554年），二十八岁

三月十七日，祖母去世，讣报至浚县，卢楠亦素衣缟马来滑，拜位祭奠。

卢楠《滑尹张泸山祖妣哀诔》："嘉靖三十三年三月十七日，滑明府张公祖妣大封人讣报至浚，卢楠素衣缟马，联词越境……。"（《蠛蠓集》卷二，第805页）

四月，治理滑县水患。

张佳胤《滑县旧志水道图书后》："予莅任来，踏诣故道及咨土著之

民，……乃走卫南，浮澶、濮、曹、郓，益信此水从古流通，……乃遍诣下流，求万全之策，既不欲壑邻，又不使伤运。……甲寅四月，同开州知州刘东清，……由澶渊及濮范、张秋，沿历河身，达之运道。"（王蒲园等纂《重修滑县志·滑县艺文录》卷二"序跋类"，第1767页）

是年，滑县大旱，祷雨，建嘉禾楼。卢楠作《嘉禾楼赋》，志祥瑞。

晁瑮《嘉靖三十四年滑县知县张佳胤德政碑》："（张佳胤）冒炎暑，祷神大雨，随澍。是年滑独得遂，侯起嘉禾楼以识其事。"（王蒲园等纂《重修滑县志·滑县金石录》卷十，第2444页）

卢楠《滑令张侯碑》："甲寅岁，乃感嘉禾数十伯（百）本，（张）侯为起楼，浚人卢楠作赋，以纪其事。"（《蠛蠓集》卷二，第798页）

卢楠《嘉禾楼赋有序》："嘉禾楼者，明府铜梁张公之所作也。楼在滑之西门上，……张公宰邑三稔，政和民裕，道路以歌。"（《蠛蠓集》卷三，第829页）

重阳节，参照元代宋崇禄所编《东郡志》，汇集滑县师儒，完成滑县第一部《滑县志》，张佳胤为之作序。

《滑县志（康熙）十卷》收录的张佳胤"旧志序"："元至正五年，滑宋忠肃公修《东郡志》十六卷，载滑事十之七，继以兵毁散亡。嘉靖壬子，余令兹土，深以阙志为耻。乃搜究凤集，王侍御家犹畜忠肃旧稿，又残失数卷，后澶渊晁太史得全本于中秘，余获之，每政隙参阅。虽事略具而繁滥错紊，亡可观者。甲寅七月，乃延师儒，汇群史诸书，考明讨论，其事过半《旧志》矣。……已谨拾浅闻，附小见，剪冗润俗，列次篇章，岂专文艺已哉！……嘉靖甲寅重阳日。"［（清）姚德闻修，吕夹钟纂《滑县志（康熙）十卷》，第27页，清康熙二十五年增刻本］

案：张佳胤此《滑县旧志序》，未收录于《居来山房集》中。宋忠肃公，王蒲园等纂《重修滑县志》卷十六《人物第十三》："宋崇禄，字寿卿，白马人，居城西南宋家林。由中书掾乐平州同知，历官至西台御使，卒，赠推诚守正功臣，……追封魏郡公，谥忠肃。"（第1297页）

《重修滑县志》卷二十《艺文金石第十四》著录有"《东郡图志十六卷》，元宋崇禄撰"（第1588页）。宋崇禄子，为明初名臣宋讷，官制文渊阁大学士、国子监祭酒。

邱宽《重修滑县志序》："明洪武初，滑降为县。滑之有志，即始于明嘉靖壬子铜梁张公来令斯邑，求得邑人宋忠肃公所著之《东郡志》，加以参考草创而成县志。"（王蒲园等纂《重修滑县志》前序，第5页）

张佳胤有意刻版古籍《越绝书》，卢楠"出孟汝再家藏旧本"赠送张佳胤，得以雕刻出版。

《越绝书序》："自宋嘉定间刻于吾蜀夔门，再刻会稽，乃久远不真，尝思广传。黎阳卢少楩出孟汝再家藏旧本于予，颇为完善。二子好古博文，雅会斯志，爰校刻焉，交成厥美。"（《居集》三十四，第411页）

案：《越绝书》是汉人袁康所作，版本纷乱，久远不真，张佳胤一直有此夙愿，重新刻版。张佳胤版《越绝书》十五卷，计二册，今藏国家图书馆，为嘉靖三十三年（1554）版本。

秋季，谢榛复来滑台，与张佳胤重游瓠子堤，并再次和诗，张佳胤留书。谢榛此次来访滑县，亦与卢楠会面，张佳胤设郊宴为谢榛饯别。

《重修滑县志》收录一首张佳胤题并行书的碑刻诗《暮秋同谢茂秦再游瓠子堤》："昔年此地论骚雅，今日重来感旧时。自有西园明月赋，肯忘东郡白云期。双潭秋老荷花尽，万古隄荒蕙草悲。别后江山空极日，风烟迢递几相思。"后有落款"嘉靖甲寅孟秋望日铜梁张佳胤书"。（王蒲园等纂《重修滑县志·滑县金石录》卷十，第2443页）

谢榛《金堤同张肖甫赋》："金堤重到感西风，瓠子犹思汉武功。雉堞遥连千树暝。龙珠不见二潭空。芰荷老尽飞霜后，箫管寒催落照中。白色沧州幽事在，黄花绿酒故人同。谢安此日游山剧，潘岳当年作赋工。无数峰峦秋色里，高歌相对欲争雄。"（《御选明诗》卷九十五，第370页）

案：谢榛诗中"金堤重到感西风，瓠子犹思汉武功。"时间、地点及"芰荷"等风物描写相同，当是谢榛与张佳胤重游瓠子堤的和作。

谢榛《张令肖甫郊饯闻笛兼慰卢次楩》："严城西畔开离筵，郎官送客斜阳天。有人吹笛正凄怆，晴云改色迷山川。野风太急万柳折，倏忽波涛翻九渊。骊龙惊起珠欲堕，乱鸟无声愁向我。梅花一曲何断肠，萧瑟零霜肃满座。卢子挥泪不胜哀，衔冤垂老谁怜才。君不见祢衡傲岸成祸胎，鹦鹉洲上多莓苔。骚人往来酹酒杯，黄祖于今安在哉？当秋苦调莫三弄，听彻踟蹰转悲恸。张令知心不可忘，关河月照滑台梦。"（《四溟集》卷二，第614页）

冬，梁有誉因疾寒卒，时年三十六岁。

王世贞《哀梁有誉》："嘉靖甲寅孟冬，友人梁有誉以疾卒于南海。"（《弇四》卷二，第25页）

王世贞《明承直郎刑部山西司主事梁公实墓表》："是时，属疾寒中凑矣。归而疾大作，遂不起。年仅三十有六也。"（《弇四》卷九十四，第523页）

余曰德入诗社，时为刑部贵州司主事。

王世贞《艺苑卮言》卷七："（王世贞）又四年成进士，……明年为同舍郎，……又明年而余使事竣还北，于鳞守顺德，出茂秦，登吴明卿。又明年，同舍郎余德甫来。又明年，户部郎张肖甫来，吟咏时流布人间，或称'七子'，或'八子'。"（第117页）

王世贞《明故中宪大夫福建按察副使午渠余公墓志铭》："（余德甫）又明年（嘉靖二十九年）乃成进士，使于豫章。……明年还朝，至冬始授刑部贵州司主事。公精比详于法，亡所刻纵，尚书称之。时历下李于鳞与世贞相劘琢为古文辞，而吴兴徐子与、南海梁公实实同舍郎。赵人谢茂秦自布衣，扬人宗子相自吏部，楚人吴明卿自两制，入与朋焉。亡何梁生死，谢生解，而公与司农郎蜀人张肖甫继入。公最名晚合，然年最长。……杨忠愍公继盛以直言相严罪，下狱论死。严之乡人皆掩耳不欲闻杨公名，公时讯问，亡所避。迁河南司员外郎，寻迁四川司郎中，亡何，出谳浙江诸郡刑狱。……还，理其司，未几擢福建按察副使。"
（《弇续》卷一百一十二，第575页）

案：王世贞嘉靖二十七年（1548）中进士，张佳胤于嘉靖三十四年
（1555）来京入户部，则余曰德应于嘉靖三十三年（1554）入社。余曰
德因杨继盛事迁河南司员外郎，杨继盛被杀在嘉靖三十四年（1555）十
月，因此可以判定，余曰德自嘉靖三十年（1551）冬季授刑部贵州司主
事后，直至嘉靖三十四年（1555）底都在北京刑部贵州司任上。

余曰德，本名应举。用以成进士，为其不雅，更为曰德。字德甫，
别号午渠，豫章人，初授刑部贵州司主事，官至福建按察司副使。王世
贞将其与魏裳、汪道昆、张佳胤、张九一并称"嘉靖后五子"，又与张
九一、张佳胤并称"三甫"。

嘉靖三十四年（乙卯，1555年），二十九岁

春，王世贞、吴国伦、宗臣在北京得到梁有誉的讣告，为位哭之。

王世贞《哀梁有誉》："嘉靖甲寅孟冬，友人梁有誉以疾卒于南海。
明年乙卯春，讣至自南海。故善有誉者武昌吴国伦、广陵宗臣、吴郡王
元美，相与为位，哭泣燕邸中。"（《弇四》卷二，第26页）

吴国伦《哭梁公实比部四首》："五羊春惨淡，双鹤夜徘徊。流恨秦
春歇，遗文汉使来。"（《甔甄洞稿》卷十八，第692页）

王世贞《哭梁公实》十首之十："春云空尽日，驻马不胜情。"（《弇
四》卷二十五，第313页）

宗臣《哭梁公实十首》其二："使者春江到，传君隔岁书。开函生
气色，数字慰踟蹰。日月孤吟失，河山一病虚。皇天深忌汝，竟不免樵
渔。"（《宗子相集》卷六，第48页）

**四月，台拜户部福建司主事。卢楠作《为孙两生赠张泸山擢曹郎
序》《登西城嘉禾楼重送张泸山赴部》《泸昆谣呈张泸山明府》等诗文赠**

别，见《螘蠓集》。

卢楠《滑令张侯碑》："乙卯夏四月，（张佳胤）召拜户部福建司主事。于是，老弱随号，创悼崩痛，攀辕持毂，横当车轫。……将表生祠，如桐乡故事。"（《螘蠓集》卷二，第798页）

五月，张佳胤离开滑县，转任户部福建司主事，入京。

卢楠《送张泸山明府转户部五首》："郁郁太行云，离离卫川树。啾啾玄猿啼，飚飚惊鸿顾。五月搏长飚，将之千里路。努力黄金台，相期共天步。"（《螘蠓集》卷四，第852页）

案："五月搏长飚"，当为卢楠送别张佳胤离开滑县的时间。

在北京，经李攀龙引荐，与王世贞结识，并被王世贞正式接引入复古文学社，成为后五子之一。与王世贞、宗臣、吴国伦、徐中行、余曰德等人讲业燕台，飞觞染翰，卜夜未已。

刘黄裳《行状》："（张佳胤）升户部主事，时弇山王长公在比部，已向于鳞得公所与和篇，慕之。汲公入都，长公置酒邀诸子，吴给事明卿、余德甫、宗考功子相翩翩集社中，讲业燕台，甚哉！……公崛起诸君子中，建大旗鼓，后世大雅君子斯订此道矣。"（《居集》卷六十五，第726页）

王世贞《墓志铭》："未及格，擢户部主事命下，于鳞以书寄余盟坛中，有一当齐秦赋者，张肖甫也，公实不死矣。公既入，遂与余比部德甫同造我，而是时，诸君子艺文翩翩自肆，相砥砺为高人之行。且飞觞染翰，卜夜无已，而公独温然其间，若巨源潗冲而年又最少。宗、吴颇跆藉公卿，而恒呼公张少保云。其后公加至宫保，而汪司马伯玉书戏余：'少保今稔矣，足下得无亦沾沾乎？'无何，出榷闽广。"（《居集》卷六十五，第736页）

五月，吴国伦选为兵科给事中。

《明世宗肃皇帝实录》卷四百二十二"嘉靖三十四年五月"条："乙

卯，选授中书舍人吴国伦……为兵科给事中。"

时宗臣在北京，为吏部郎。

宗臣《送梓河顾子之洛阳序》："乙卯夏，顾子遗书报余，……九月既往，南乡书至，是夜从诸省郎斋居省中也。"（《子相文集》卷四，第535页）

王世贞《明中宪大夫福建提刑按察司提学副使方城宗君墓志铭》："明年（嘉靖二十九年）成进士高第，授刑部广西司主事。太宰李公黙见君文，而奇之，调为其属，得考功故事吏部郎。……君亦以湛思故咯血，谢病归。……居二载，……补考功之三月，而调文选，为文选一年，迁稽勋员外郎，……然亦竟出为福建布政司参议君。"（《弇四》卷八十六，第414页）

宗臣《读太史公杜工部李空同三书序》："余为吏部郎，……时丙辰（嘉靖二十五年）冬十一月既望也。已未（嘉靖三十八年），余在闽。"（《子相文集》卷四，第533页）

秋夕，在北京。张佳胤与诸子饮，各赋诗。

张佳胤《秋夕余德甫、王元美二比部，吴明卿给事，宗子相考功，白伯伦客部招饮张氏园》："朝辞白马入燕关，击筑长歌易水间。河汉凉风吹桂树，霜天明月满西山。偶来对客堪投璧，谩说为郎已赐环。无数松萝秋色里，将因休沐共跻攀。"（《居集》卷十二，第190页）

宗臣《张肖甫初至，七夕同诸子酌之张园》："细雨林塘花气流，长安片碣即丹丘。群公解佩山云起，七夕开尊桂树幽。玉杵声残河汉语，紫箫吹落蓟门秋。乾坤此会谁能负，吴楚兵戈日日愁。"（《宗子相集》卷八，第67页）

王世贞《七夕张园遇雨，与子相、明卿、肖甫、德甫各赋》："七月七日雷雨恶，穿萝坼磴沾人衣。即妨河鼓森难渡，欲挽仙槎高未归。海内风尘余转拙，人间歧路会仍稀。歌长酒醒不知曙，骤有空林乌鹊飞。"（《弇四》卷三十四，第434页）

吴国伦《七夕张肖甫至，同诸子邀集旅舍》："天转银河北极迥，星桥露掌并崔嵬。何年汉使乘槎去，此夕猴山跨鹤来。明月万家机杼恨，黄云四塞鼓鼙哀。相怜客路双愁眼，又见秋风桂树开。"（《甔甀洞稿》卷二十，第715页）

十月，张佳胤离开北京，出使闽粤，便道还家乡铜梁。王世贞、吴国伦、余曰德、宗臣等人相送。

刘黄裳《行状》："是年，分催闽广。"（《居集》卷六十五，第726页）

张佳胤《予督租闽粤，余德甫、吴明卿、宗子相、王元美各赋诗饯别，因答诸子》："挥手胡云塞北秋，武夷眺罢更罗浮。东南海尽鲛人室，日夜风吹使者舟。碣石天垂寒雁色，扶桑影挂赤龙游。万峰回首中原地，甲马愁心到十洲。"（《居集》卷十二，第190页）

王世贞《送张肖甫徵金岭西道便道还蜀》之一："蓟门擐甲待边烽，海内君须不自供。赤羽去看新使者，黄金归隶大司农。界标铜柱天垂尽，人过苍梧瘴几重。闻道壮游仍衣锦，春来车马醉临卭。"（《弇四》卷三十五，第437页）

宗臣《德甫、明卿、元美、肖甫夜过，明肖甫将有使命矣，得来字》："借问此何夕，秋之冀高台。浮云万里去，明月几时来。"（《宗子相集》卷六，第50页）

宗臣《送张肖甫奉命督租闽粤》之一："高天落日照中原，匹马凌风出蓟门。赤羽频年荒稼穑，苍生何处问鸡豚。七闽雨雪王程急，百粤楼船帝使尊。长孺不妨仍矫诏，宽租曾识汉庭恩。"（《宗子相集》卷八，第67页）

吴国伦《送张肖甫户曹使闽粤督租便道还蜀二首》："赋别宁辞倒玉壶，秋风戈甲满长途。殊方延颈垂哀痛，计吏伤心问转输。瘴合闽江帆影失，天垂庾岭雁行孤。看君羽翼南溟近，肯为浮云屈壮图。"（《甔甀洞稿》卷二十，第715页）

余曰德《送张肖甫奉命督租闽粤便道还蜀二首》之一："得尔常言

晚，那堪便解携。秋风汉节下，落日剑门西。万国罢飞挽，中原急鼓鼙。归逢巴父老，书橄醉堪题。"（《余德甫先生集》卷三，第 92 页）

经邺都（河北大名附近），卢楠专程从浚县赶来为张佳胤送别，出其《蠛蠓集》，请求张佳胤为之编次出版。张佳胤为之"稍加评次"，"相与痛饮达旦"，并许诺为之作序、出版。

（清）武穆淳修，熊象阶纂《浚县志》卷二十《艺文》"《蠛蠓集》张佳允序"："嘉靖乙卯余使闽，投马邺都，卢仲木山人从浚来，出所著《蠛蠓集》，顿首请曰：楠死罪橄，惠于足下，幸不弃于市，今老矣，而无后。所与为后者，斯言尔。藉第一旦填沟壑，世复有知楠者哉！言讫，泣数行下。余受书卒业，稍加评次，归而许之以异日寿诸梓，相与痛饮达旦别去。"（第 1046 页）

张佳胤《淇门卢仲木至夜坐分韵二首》："欲寄东南信，茫茫沧海间。"（《居集》卷五，第 118 页）

仲冬，张佳胤还家途中复拜见定远知县胡廉。

张佳胤《定远县知县胡公祠堂碑》："不佞为曹郎，复以使过其境。"（《居集》卷四十八，第 536 页）曹郎，即部曹，部属各司的官吏。

十月，杨继盛被杀。王世贞、宗臣、吴国伦经纪其丧。为此触怒严嵩，诸子陆续被贬离京。

吴国伦《奉汪伯玉司马书》："盖忠愍公以乙卯冬服刑，子舆方决囚江北，不与事。哭郊外，与经纪后事者国伦与元美、子相三耳。"（《甔甀洞稿》卷五十，第 301 页）

李维桢《河南左参政吴公舒恭人墓志铭》："杨忠愍坐分宜故死，交游窜名匿影不敢问。先生与元美诸君子走哭西寺，经纪其丧，为六诗挽之，言甚激烈。"（《大沁山房集》卷九十二，第 629 页）

杨继盛（1516—1555），字仲芳，号椒山，直隶容城人。嘉靖二十六年进士，初任南京吏部主事，后官兵部员外郎。因上疏弹劾仇鸾开马市之议，被贬为狄道典史，后起用为诸城知县，迁南京户部主事、刑部员外郎。嘉靖三十二年，上疏弹劾严嵩“五奸十大罪”，被诬陷狱，于嘉靖三十四年遇害，年四十。隆庆时，追赠太常少卿，谥“忠愍”。著有《杨忠愍文集》。

年末，回到铜梁探亲。

《栈道杂诗》十六首之十一：“去秦逢晏岁，归蜀破愁颜。”（《居集》卷五，第119页）

是年冬天，王世贞与宗臣、吴国伦三人围炉喝酒。王世贞撰写祭奠梁有誉的哀辞，并寄书张佳胤。书寄至福建时，张佳胤因为丁父丧，已回铜梁，未能收到，参见嘉靖三十五年（1556）条。

王世贞《跋所书梁公实墓表哀辞及诗后》：“余犹记草公实哀辞，剧寒，夜搆火，五尺纵横素书之，四更乃毕。与子相、明卿浮三大白，嘘唏而散。二十余年矣。所寄肖甫，中道奔外艰去，竟弗达。……吾六人者如矍圃观射客，存逝各半，其最少为余，亦已五十矣。俯仰人世间，能不心折。”（《弇四》卷一百二十九，第167页）

嘉靖三十五年（丙辰，1556年），三十岁

早春二月，张佳胤离开铜梁，出发闽广。经涪陵、万州、奉节、宜昌的黄牛峡、到达湖南澧县北的清化驿、湖南武陵（常德），过湖南益阳，至江西萍乡，后至福建邵武。张佳胤一路沿着长江，从水路出发。在湖南境内，又改从陆路。

张佳胤《湖滩守风》：“寒桨依春渚，扬舲二月涛。”（《居集》卷五，第120页）

张佳胤《涪陵逢姜泰倩扶榇还广安》：“旅榇闽山远，风涛峡口边。”（《居集》卷五，第120页）

张佳胤《武陵》："炎海路仍远，沧江人未归。风吹武陵曲，花落使臣衣。微雨沾春树，长天指钓矶。生涯逢世态，将息汉阴□。"（《居集》卷五，第 121 页）

张佳胤《益阳道中》："楚水东南去，山从白鹿分。忽看衡岳雁，高逼洞庭云。"（《居集》卷五，第 121 页）

张佳胤《晚次萍乡》："穷途殊未已，日色暗中原。人语非吾土，禽声似故园。"（《居集》卷五，第 121 页）

张佳胤《邵武水亭》："风尘来此地，世事忽相弃。水引樵川尽，天垂海气寒。"（《居集》卷五，第 121 页）

春天，王世贞北驻渔阳。

王世贞《赠子舆序》："丙辰春，余北驻渔阳，则闻子舆戒辖而南，余一二兄弟星散矣。"（《弇四》卷十三，第 164 页）

二月初七，父张文锦卒于家，年五十一（1506—1556 年）。

张佳胤《先考南溧府君行状》："先考……嘉靖丙辰年二月初七日子时以疾卒于正寝，享年五十有一。"（《居集》卷四十九，第 550 页）

三月，吴国伦以经纪杨继盛丧事，得罪严嵩父子，谪江西按察司知事。

吴国伦《明吴仲子牧良墓志铭》："初，余仕世宗朝，为给事中。以哭杨忠愍继盛而经纪其丧，为分宜父子所衔。丙辰，谪豫章从事。"（《甔甀洞稿》卷三十六，第 145 页）

《明世宗肃皇帝实录》卷四百三十三"嘉靖三十五年三月"条："掌吏部事大学士李本奉诏考察不职科道官，共三十八人不谨。……给事中吴国伦……罢黜降调如例，御史留用者仍各杖四十。是时严嵩子世蕃专恣贪婪，政以贿成。赵文华一出，江南之公私匮竭，刑赏倒植。由是士论恶此三人已甚。嵩虑有他故，欲锄排异己以慑众志。……虽多茸阘不称，然凡远不附严氏及文华所不悦者，一切屏斥无遗。"

徐中行戒辖而南，近失一子。独宗臣留守京师吏部，郁郁寡欢，病益加重。

宗臣《报明卿》："日与二三子（王世贞、吴国伦、徐子舆）燕市游，手足耳也。昨悲王生去，尚得二子破之。今二子又去矣，仆即怅怅。"（《子相文集》卷五，第565页）

宗臣《报元美》："向者与足下别，至悲也，即夜聚两生解之。今两生乃相继去矣，更悲更亡以解。……足下穷愁出塞，……明卿六日南，子舆行乃在十二日，竟夭其子，洒泪而去。仆一病几作永别，近复稍稍健食。"（《子相文集》卷五，第565页）

王世贞按察河北大名。

李攀龙《送河南按察副使王公元美自大名之任浙江左参政序》："嘉靖丙辰，公既领治狱使者。渡滹沱，缘太行，乃从某三日，而讞顺德。又五日，而讞广平，又十日，而讞大名。既告竣役，余乃从公大名。命卢楠携谢榛交相劳也，曰不佞、世贞视治狱三郡掌上耳。明年，公出，按察青州。"（《沧溟集》卷十六，第203页）

在闽粤，得吴国伦报梁有誉丧事书，作诗哭之。并去梁有誉家乡凭吊，收集其遗文。

王世贞《哀梁有誉》："嘉靖甲寅孟冬，友人梁有誉以疾卒于南海。明年乙卯春，讣至自南海。故善有誉者武昌吴国伦、广陵宗臣、吴郡王世相与为位哭泣燕邸中。又走书西南报李攀龙、徐中行，哭如三人。又十月而友人户部郎张佳胤奉辖粤中，国伦等乃寓椒絮，而南为文授张生，使告于梁氏之丧。"（《弇四》卷二，第26页）

宗臣《报肖甫》："春中王徐各使吴，且罢为从事。……忆足下登武夷罗浮，南窥大海，吊梁生之庐而缀其遗文以归，时时快之。不意足下乃奉尊君讳返蜀也。……王生近迁齐宪视戎事，徐卿留滞江南，而明卿虽适，乃能日抱白鹿卧。"（《子相文集》卷五，第569页）

案：宗臣此文当作于嘉靖三十五年（1556）冬季间，王世贞此年十月任山东按察副使，督戎青州，参见本年注。时宗臣仍在京师为吏部郎。宗臣《读太史公杜工部李空同三书序》："余为吏部郎，盖与张君助甫同舍。……时丙辰冬十一月既望也。"（《子相文集》卷四，533）

张佳胤有《挽梁公实五首》（《居集》卷五，第122页）：其一："罗浮望不极，石壁照沧溟。……挥涕横东海，波涛万古青。"其二："鸿雁音初到，龙蛇事可凭证。百年嗟未半，一疾溘相仍。独鹤归辽海，遗文得茂陵。君门无俗友，吊客岂青蝇。"其五："束刍临大海，洒酒泣中林。"从其诗歌内容看，应作于福建任上，为收到吴国伦信不久，并已经赶赴广东顺德凭吊梁有誉，收集遗文。

在闽粤，改兵部职方主事。后得到父丧讣告，还家丁忧。并主持父丧，孝养母亲。

刘黄裳《明光禄大夫太子太保兵部尚书赠少保居来张公行状》："是年分催闽广，……改兵部职方主事。丙辰二月，闻南溟公讣，刻毁卧块，革浮屠法制丧礼以行于邑，奉太夫人必躬进菽水。"（《居集》卷六十五，第727页）

五月，曾贺同乡友人邢良登之祖母八十大寿。

张佳胤《邢太母八十序》言："五月五日，邢太母降辰也。追自丙午（嘉靖二十五年），母七十，余曾以文称祝。今八十，余适在里。"（《居集》卷二十二，第377页）

十月，王世贞升山东按察司副使，按察青州。

《大明世宗肃皇帝实录》卷四百四十"嘉靖三十五年十月条"："升刑部云南司郎中王世贞……为山东按察司副使。"

宗臣《古剑篇》："嘉靖丙辰十月，吴郡王君世贞由比部郎中出为山东副使，督戎青州。"（《宗子相集》卷五，第27页）

嘉靖三十六年（丁巳，1557 年），三十一岁

是年，赴泸州请杨慎为父作墓志铭，寓紫房道院，杨慎为作《明故待封君南澴张公墓志铭》。时杨慎戍边云南，领役过泸州，卜宅于此。并参见下条注。

杨慎《明故待封君南澴张公墓志铭》："职方君不远千里，躬至江阳来徵愚铭，愚虽未识君，而公作《昭君曲三解》见寄，神交久矣，铭曷宜后。"（见杨钊《杨慎〈明故待封君南澴公张公墓志铭〉考》，《文献》2008 年 10 月第 4 期）

张佳胤《中宪大夫江西建昌府知府少岷曾公墓志铭》"嘉靖丁巳走江阳，为先府君乞墓铭于杨用修先生。"（《居集》卷四十六，第 515 页）

"杨慎，字用修，号升庵，新都状元。嘉靖癸未议大礼谪永昌，癸丑领戎役过泸，遂就居焉。前后居泸十数年，因与卫指挥韩有戚谊，常寓泸卫。"［（清）任五采修、车登衢纂《光绪泸州九姓乡志》卷四《人物志·流寓》，第 824 页］

杨慎《张泸山寓紫房道院，灯下出谢四溟游燕诗帙，阅之因寄》："紫房散帙对仙灯，三复兰章远思兴。艺苑何人希谢朓，王门有客继孙登。四溟海水杯中泻，八洞楼台镜里凭。岷岭峨眉游目处，高情须记昔人曾。"（《光绪铜梁县志·艺文志四》，第 917 页）

张佳胤通过杨慎，结识曾屿等人。并与杨慎、曾屿、熊过等人多有交游酬唱。

张佳胤《中宪大夫江西建昌府知府少岷曾公墓志铭》："嘉靖丁巳，走江阳为先府君乞墓铭于杨用修先生，始奉公几杖，公亦接引后进，谈学术经济，洒洒有致。……杨用修白首戍滇，欲归蜀为首丘计，乃不归新都，而卜宅江阳，以就公（曾屿），相与赓酬甚盛。"（《居集》卷四十六，第 515 页）

张佳胤《升庵载酒访予紫房洞中，兼订峨眉之约，得桥字》："仙家楼殿郁迢峣，载酒频来倚凤箫。"（《居集》卷十二，第193页）

张佳胤《大观台晚眺，同曾少岷太守，杨升庵太史，朱乌山少参，熊南墩、董豸屏二进士》："长夏登高暑气清，野云斜目眦孤城。"（《居集》卷十二，第193页）

张佳胤《升庵送余归子寺，赋诗赠别，因答四首》："极浦汶川阔，长天泸岳垂。"（《居集》卷五，第123页）

曾屿，字东石，号少岷，四川泸州人，正德三年（1508）进士，任户部郎中，以忤宦官刘瑾出知江西建昌府，在宸濠之变中，立功甚伟，为时人祀为名宦。正德十五年（1520）归，移居江阳郡城，以著述自娱，与杨慎、州人章懋同为师友，终不起用。著有《少岷存稿》。张佳胤为其撰《中宪大夫江西建昌府知府少岷曾公墓志铭》，见《居集》第515页。

熊过，字叔仁，四川富顺人。累官至祠祭郎中，坐事贬秩，复除名为民，现存有《南沙文集》。

朱乌山、董豸屏，二人不详。

约在是年，张佳胤曾与杨慎商议编辑增补郦道元《水经注》之英奇者，但此举未成。

张佳胤《报何宾岩提学》："往年正与乡里长老升庵公议及谓宜括《水经郦注》英奇者，更博陈耳目所睹记，勒成一书，扫《卧游录》之陋。乃升庵窜死滇中，弟复浅薄，难语此事。"（《居集》卷五十一，第586页）

还铜梁，杨慎送别。

杨慎《送张泸山职方还铜梁》："郊扉偃江介，炎天方郁埃。燕居感离索，蜗庐森蒿莱。高人千里驾，空谷跫音来。研精既理窟，抽毫更逸才。元韵紫房洞，清吟文昌台。同声起予和，笑口为君升。檝乌五两发，兰鹢双橹催。晤语拟倾盖，永怀盈酌罍。愿言植嘉树，湛思肄条枝。三

峨迟屦齿，七襄冀琼瑰。"（《光绪铜梁县志·艺文志四》，第 916 页）

是年，吴国伦量移南康司理。

吴国伦《明吴仲子牧良墓志铭》："丁巳，量移南康司理。"（《甔甀洞稿》卷三十六，第 145 页）

秋季，宗臣以吏部郎迁闽藩参议。

樊献科《子相文选序》："嘉靖三十六年，余奉命按闽，适子相以吏部郎迁闽。"（《子相文选》前序）

嘉靖三十七年（戊午，1558 年），三十二岁

正月二十九日，葬父于铜梁飞凤山之阳。

案：张佳胤之父母合葬墓，1982 年 2 月 7 日在铜梁县巴川中学校舍工地上，发现了二人的合葬石椁墓，并有随葬的两方石刻墓志铭碑，一为杨慎撰《明故待封君南溧张公墓志铭》，一为陈以勤撰《皇明诰赠中宪大夫都察院右佥都御史南溧张公暨配封太恭人沈氏合葬墓志铭》。参见杨钊论文《杨慎〈明故待封君南溧公张公墓志铭〉考》，《文献季刊》2008 年 10 月第 4 期。

上巳节，曾游铜梁巴岳山。

张佳胤《处士全前溪墓志铭》："嘉靖戊午四月十九日处士全公卒于家，九月某日葬宅后岗，侄某泣以铭请。……今年上巳游香炉峰，处士继至。"（《居集》卷四十一，第 471 页）

张佳胤《咏香炉峰》："香炉标绝巘，型冶自何年。紫气凌千仞，飞流注九天。夕阳霞喷火，朝雨雾生烟。大药无人识，红尘殊可怜。"（《居集》卷五，第 125 页）

案：《光绪铜梁县志》卷一《地理志》"形胜"："巴岳山，在县南十

五里，为邑山最高处。……绝顶石有狻猊者，名香炉峰。"

嘉靖三十八年（己未，1559年），三十三岁

是年，服除，至京师。

春天，赴京途中，至河南浚县与旧友卢楠、孟思、王璜等人游。

张佳胤《与孟得之》："己未春杪，伾山解携。"（《居集》卷五十一，第581页）

张佳胤《再游大伾山同卢仲木孟得之》："匹马乘春度翠微，登临到处足芳菲。"（《居集》卷十二，第194页）

张佳胤《别王大伾》："相逢花草遍河桥，卫水晴光上桠条。世路几年疲候雁，酒尊今日属春宵。青山杨子偏多赋，白首冯公不见招。愁到燕台看夜月，浮丘花鸟梦魂遥。"（《居集》卷十二，第194页）

案：从上两首诗中，可以看出这次浚县大伾山之游，是张佳胤第二次与其旧友相见游玩。当是在服阕赴京途中。

春天抵京，迁膳部郎。其间，与张九一、黎民表、胡直等人交游唱和，为当权者所侧目。

刘黄裳《行状》："服阕。赴阙时，吏部缺蜀人，权子视为奇货。太宰吴公鹏、顾文选、张公守直曰：'蜀吏部言论纷纷，无足当者。张子来，其人乎？'次日补原职。越十日，拟调稽勋郎，权子摇首曰：'是故李氏私人职方足矣，今又欲吏部邪？'吴公持之不得，乃改精膳主事。恣力私业，日与王、宗二先生和酬，善汝南张助甫、南海黎惟敬、庐陵胡正甫、括苍何振卿，而忌者益侧目矣。"（《居集》卷六十五，第727页）

王世贞《墓志铭》："服除，至京师。……而公故社中友皆徙谪无在者，第与南海黎惟敬、汝南张助甫、濮阳李伯承、庐陵胡正甫多所唱和，侧目者馋之。"（《居集》卷六十五，第736页）

案：宗臣自嘉靖三十六年（1557）秋季参议闽藩至其嘉靖三十九年

（1560）春二月卒，未尝离开闽地。而王世贞在嘉靖三十五年（1556）十月即往山东按察司副使任上，至嘉靖三十八年（1559）秋一直在山东青州任上。后王世贞为父难赴京，在京师为父难奔走呼吁，涂炭委顿，或独门块处。因此，张佳胤在京师时，并未与宗臣、王世贞有酬和。故刘黄裳言张佳胤在嘉靖三十八年（1559）赴阙与"王、宗二先生和酬"应有误。参见此年五月条注。

宗臣《读太史公杜工部李空同三书序》："己未，余在闽。"（《子相文选》卷四，第534页）

樊献科《子相文选序》："嘉靖三十六年，余奉命按闽，适子相以吏部郎迁闽。……予与子相同事凡三载，而知子相之心者，非予哉？"（《子相文选》前序）

王世贞《旧病攻中不痊，恳乞转为题请，放归田里公移》："先任山东按察司副使。于嘉靖三十八年七月内奏，为患病危笃，恳乞天恩，放归田里，事吏部覆题准致仕。"（《弇四》卷一百九十，第729页）

钱谦益《列朝诗集小传》丁集上"黎参议民表"："民表，字惟敬，从化人。嘉靖间乡贡进士，选入内阁，为制敕房中书舍人，出位南京兵部车驾员外，终布政司参议。……公实（梁有誉）殁，惟敬游长安，续入五子社，遂以诗名擅岭海。"（第442页）

钱谦益《列朝诗集小传》丁集上"张金都九一"："张九一，字助甫，新蔡人。嘉靖癸丑进士。以黄梅知县考最，擢吏部验封主事，历文选郎中，迁南尚宝少卿，谪广平同知，迁湖广佥事。……忧归十年，起补凉州兵备，遂以金都御史，巡抚宁夏。江陵卒，以钩党罢去。嘉靖中，五子创诗社于长安，于鳞出守，元美为政，南昌余德甫、铜梁张肖甫及助甫，相继入焉，是为七子。元美所谓吾党有'三甫'者也。厥后又益以蒲坂魏裳、歙郡汪道昆，为后五子。后五子之诗，皆沿袭七子格调，而余魏尤卑弱。"（第440页）

"胡正甫"："公名直，字正甫，号庐山，江西泰和人也。由嘉靖丙辰进士官至闽按察使。"（王兆元《皇明词林人物考》卷十，第719页）

张佳胤《春日同黎惟敬诸公泛舟郑园分赋》："游燕谁是谈天客，云

树苍茫碣石宫。"（《居集》卷十二，第 195 页）

五月，王世贞父亲王忬因边事不利，引帝嫌恶，兼之得罪严嵩父子，遭陷入狱。秋，王世贞于山东按察副使任上弃官赴京。

《明史》卷二百四"王忬传"："三十八年二月，把都儿、辛爱数部屯会州，挟朵颜为乡导，将西入，声言东。忬遽引兵东。寇乃以其间由潘家口入，渡滦河而西，大掠遵化、迁安、蓟州、玉田，驻内地五日，京师大震。御史王渐、方辂遂劾忬、安及巡抚王轮罪。帝大怒，斥安，贬轮于外，切责忬，令停俸自效。至五月，辂复劾忬失策者三，可罪者四，遂命逮忬及中军游击张伦下诏狱。刑部论忬戍边，帝手批曰：'诸将皆斩，主军令者顾得附轻典耶？'改论斩。明年冬，竟死西市。忬才本通敏。其骤拜都御史，及屡更督抚也，皆帝特简，所建请无不从。为总督数以败闻，由是渐失宠。既有言不练主兵者，益大恚，谓：'忬怠事，负我。'嵩雅不悦忬。而忬子世贞复用口语积失欢于嵩子世蕃。严氏客又数以世贞家琐事构于嵩父子。杨继盛之死，世贞又经纪其丧，嵩父子大恨。滦河变闻，遂得行其计。穆宗即位，世贞与弟世懋伏阙讼冤。复故官，予恤。"（第 5399 页）

王忬，王世贞之父。字民应，太仓人，嘉靖二十年（1541）进士，授行人，迁御史。俺答大举攻扰古北口时，尽徙东岸船只，鞑靼兵至不得渡。后擢右佥都御使，巡视浙闽，进右副都御史，巡抚大同，旋加兵部右侍郎、蓟辽总督。后因边事屡败，失宠于嘉靖帝。又得罪严嵩，遂下狱，次年斩于西市。

王世贞《再别殿卿，时余方有家难》："河流如易水，日夜荡秋旻。不作登车去，能无恋故人。霜仍飞六月，虹未入三秦。一掬中原泪，难从握手论。"（《弇四》卷二十七，第 338 页），诗中"秋旻"，结合下一条注，则王世贞为父难，离任赴京之时当为此年秋季。

王世贞在京，橐饘之暇，杜门坎处。张儿一与王世贞缔交，一再造访。王世贞将张九一与张佳胤、余曰德并称为"三甫"，其三人及魏裳、

汪道昆又并称为"后五子"。

王世贞《艺苑卮言》卷七:"余自构家难时,橐馈之暇,杜门块处。独新蔡张助甫为验封郎,旬一再至,余固却之,张笑曰:'足下乃以一吏部荣我乎?'余归,张亦竟左迁以去。自是吾党有三甫,肖甫之雄爽流畅,助甫之奇秀超诣,德甫之精严稳称,皆吾所不及也。"(第118页)

《明史》卷二百八十七《文苑三》"王世贞传":"后五子,则南昌余曰德、蒲圻魏裳、歙汪道昆、铜梁张佳胤、新蔡张九一也。"(第7381页)

张九一《哭司寇王元美》其三自注:"己未岁,余与元美缔交燕京。"(《绿波楼诗集》卷八,第634页)

李维桢《都察院右佥都御史张公王恭人墓志铭》:"(张助甫)比入都,则诸子去国,独子相同舍。……子相因以书通先生(张助甫)于王先生所,两人莫逆于心,不必拂尘而游矣。会王先生司马公失分宜相欢,构下诏狱,王先生弃官,来视橐馈。分宜父子故憾王先生与诸郎杯酒间多讥刺语,使人蹑寻踪迹,门徒故吏皆恐,鸟兽散。先生以从王先生游晚,日夕招寻。时而歌,时而泣,而更羸服存司马犴狴中。王先生辞:'无乃为君累乎?'先生怫然曰:'士为知己死,死且不避,官于何有?'"(《大泌山房集》卷九十二,第614页)

案:王世贞与张九一的结交,是通过宗臣引介的。宗臣与张九一相识是在嘉靖三十五年(1556),"余为吏部郎,盖与张君助甫同舍云。张君好余绝甚。……时丙辰冬十一月既望也。己未,余在闽。"(《读太史公杜工部李空同三书序》,见《宗子相集》卷四,第533页)而是时王世贞在嘉靖三十五年(1556)赴任山东按察副使(参见嘉靖三十五年条),直至嘉靖三十八年(1559)秋季因父难,弃官来京,二人才谛交。

嘉靖三十九年(庚申,1560年),三十四岁

二月,宗臣卒,年36岁。

王世贞《明中宪大夫福建提刑按察司提学副使方程宗君墓志铭》："嘉靖庚申之二月，宗君子相卒于闽。"（《弇四》卷八十六，第414页）

二月，吴国伦入京师，在京待调，张佳胤与之游。秋，吴国伦得调河南归德，张佳胤有送。

吴国伦《庚申二月九日再举子》其下自注："予被调里居一年，而此儿生。儿生才四日，而予又北上。赋此志感"。（《甔甀洞稿》卷十二，第633页）

吴国伦《明吴仲子牧良墓志铭》："初，余仕世宗朝，为给事中，以哭杨忠愍继盛并经纪其丧，为分宜父子所衔。丙辰谪豫章从事，丁巳量移南康司理。且二年，分宜意未释，己未，将乘京考，遂斥之，以华亭公力争，得再左官。"（《甔甀洞稿》卷三十六，第145页）

张佳胤《与吴明卿夜坐》："相逢且醉蓟门春，莫赋怀沙向楚臣。别后江湖深夜月，灯前风雨旧游人。匡庐未必投魑魅，宣室何曾问鬼神。不有烟霞能爱汝，乾坤何处可容身。"（《居集》卷十二，第195页）

张佳胤《送别吴明卿之宋中（商丘）二首》："风尘挥手意何如？匹马怜君度孟诸。时论渐安三黜后，幽怀难尽九歌余。"（《居集》卷十二，第196页）

铜梁的敏公游京师，秋，敏公还蜀。

张佳胤《送敏公还西泉山兼寄山中社友》："高卧名山五十年，如何踪迹尚幽燕。虎溪一啸尔归去，车马浮生吾可怜。振锡江风吹大地，挂帆秋月照中天。远公结社西泉下，万里无缘问白莲。"（《居集》卷十二，第196页）

《光绪铜梁县志》卷一《地理志》"形胜"："西泉山，在县北郭外。寿隆寺居焉。"

秋，余曰德入京贺万寿，归闽，张佳胤送别。时余曰德为福建按察副使。

张佳胤《别余德甫宪使还闽中》:"玉帛遥将万里长,使君金鉴在明光。莫缘秋色悲鸿雁,且向垆头解骕骦。归路直穷沧海日,征袍犹带御炉香。武夷矫首燕台客,北斗微茫是帝乡。"(《居集》卷十二,第196页)

王世贞《明故中宪大夫福建按察副使午渠余公墓志铭》:"未几擢福建按察副使。公至闽,值子相理学政,而子舆守汀。喜甚,诗筒还往不绝。俄而子相病且死矣,无子,公哀伤之,躬为视含敛,使其子棐经而受吊以其丧。归,入贺万寿,还任。"(《弇续》卷一百一十二,第575页)

秋夜作诗,缅怀追悼宗臣。

张佳胤《秋夜梦子相感怀》:"别尔成千古,相思每大招。魂同秋雁至,梦与夜钟遥。气色青山尽,时名白雪飘。东风一洒泪,波接广陵潮。"(《居集》卷五,第127页)

卢楠于是年卒,张佳胤在京师闻讯。

案:卢楠卒年之定在嘉靖三十九年(1560),原因有三:

其一,张佳胤《长歌行送宋生归黎阳》:"蓟门冬月尘沙黄,宋子弹铗思黎阳。鸣鞭走马城南陌,执壶相送伤中肠。昔我为郎守白马,论交置驿漳河野。卢生与尔皆英雄,片言把臂伾山下。卢生有才成祸胎,尔亦偃蹇栖尘埃。鹦鹉赋就黄祖怒,饭牛歌罢南山衰。岁暮天寒何所之,黄金白璧空相知。袖中长策不得售,九关虎豹风云悲。书来近报卢生死,众人欲杀无知己。……"(《居集》卷三,第94页)时值嘉靖三十九年冬季岁末,张佳胤在京师听闻讣告,卢楠应去世未久。

其二,王世贞《卢楠传》:"楠既以别世贞去,南游金陵,陆光祖为祠部郎,留月余。走越历吴,毋所遇,还。益落魄嗜酒,病三日卒。王生曰:楠未死前一岁,妻死。生二女,其一踰二十不嫁。楠死时,世贞方坐家难,浮系长安邸中,不得其状也。其文辞散失毋收者,故为之传其行略,欲令后世知有卢楠耳。予亦愚,鲜量矣。楠不遘邑令,家不破

亡，然其文辞亦不工。呜呼！世宁独一令哉！"（《弇四》卷八十三，第371页）

王世贞因父亲王忬陷狱，滞留长安为嘉靖三十八年（1559）秋季至三十九年（1560），嘉靖三十九年（1560）王忬被刑，之后王世贞回至太仓里居。因此，卢楠之死当在嘉靖三十九年（1560）。

其三，张佳胤《与孟得之》："己未（嘉靖三十八年）春杪，伍山解携，追年流光，六易寒暑。别来人事，兴怀旧游寥落，仲木奄逝，宗祀无主。"（《居集》卷五十一，第581页），并参见嘉靖三十八年注。可知，嘉靖三十八年（1559）春，卢楠尚在人世，张佳胤赴京途中路过浚县，曾与卢楠有唱和交游。

除夕，客居北京，作《除夜》，感叹岁月易老。

张佳胤《除夜》："燕肆留居醉落霞，那堪除夕傍天涯。青樽尽倒他乡月，孤烛相怜此夜花。城阙钟声千树雪，楼台霜色万人家。未论漂泊浮云太，客鬓明朝老岁华。"（《居集》卷十二，第199页）

嘉靖四十年（辛酉，1561年），三十五岁

初春，在京师，同时交游者还有陈宗虞、高岱、曾三甫、甘茹、陆柬等人，多有诗酒唱和。

张佳胤《同甘征甫过曾三甫水部，有感时事，得何字。曾郢人也》："喜因休沐此经过，雨后高斋长薜萝。短筑共从燕市击，解裘还傍酒垆歌。阳春古调元归郢，水部诗名不让何。满目黄金能贵贱，尽容吾辈慰蹉跎。"（《居集》卷十二，第199页）

张佳胤《人日柬高伯宗、陈于韶》："残雪相将双玉瓶，坐看风色自冥冥。天涯孤剑逢人日，帝里寒花傍客星。芳草春来犹未绿，片云头上为谁青。穷途与尔心俱折，却笑长缨负汉庭。"（《居集》卷十二，第199页）

"陈宗虞，字于韶，保宁千户所人，进士，由郎署出领宪闽中，时有倭警，廓清之力居多。稍迁江浙，皆以兵事著奇勋。初与铜梁张佳廛（胤）等结社玉台，续七子之业，南充任瀚序其诗：格力类建安，宫商激越，类江左。长句近体类中唐诸大家，吴中王世贞尤称之云。"[（清）彭遵泗辑《蜀故》卷十一，第 629 页]

曾三甫，见隆庆四年（1570）条注。

"甘茹，字征甫，嘉靖丁未进士，授知县，历部郎，至山东副使，致仕。以文学名于时。所著有《己癸草》《入秦归田拔茅山人草》等集，世多珍之。"（彭文治、李永成修，卢庆家、高光照纂《民国富顺县志》卷十一"人物上"，第 480 页）

二月，高岱出任景王湖广封地右长史，众人饯别。

张佳胤《雪夜高伯宗右史、陆道函大理、黎惟敬掌故、陈于韶宪使、吴化卿舍人、洪山人见过，席间分赋饯别伯宗，得寒字》："雪花二月飞长安，斗酒清歌夜未阑。立马燕台吾有意，投书湘水尔其难。帆樯春逐王孙草，江汉云依楚客冠。击筑渐离今已去，北风偏作蓟门寒。"（《居集》卷十二，第 200 页）

《大明世宗肃皇帝实录》卷四百八十九"嘉靖三十九年十月"条："辛亥升刑部贵州司署郎中高岱为景府右长史。"参见下条注。

《明史》卷一百二十："景恭王载圳，世宗第四子。嘉靖十八年册立太子，同日封穆宗裕王、载圳景王。其后太子薨，廷臣言裕王次当立。帝以前太子不永，迟之。晚信方士语，二王皆不得见。载圳既与裕王并出邸，居处衣服无别。载圳年少，左右怀窥觊，语渐闻，中外颇有异论。四十年之国德安。居四年薨。"（第 3647 页）

《大明世宗肃皇帝实录》卷四百九十三"嘉靖四十年二月"条："丁未，景王发京师。"

（清）陈鹤《明纪》卷三十五"世宗纪八"："（嘉靖）四十年二月，……丁未，景王载圳之国德安。"（《四库未收书辑刊》，陆辑，第陆册，第 542 页）

德安府，明属湖广布政使司，今湖北安陆。

"高岱，字伯宗，京山人，嘉靖庚戌进士，历刑部郎中。……景王封风，铨曹出为长史，……后以仕淹浮沉王门，无所建白，卒。"（《皇明词林人物考》卷七，第633页）

与洪孝先结识，相与酬唱。参见上条注。

张佳胤《洪山人手卷题词》："余为礼官时，即交山人。山人有大韵，能诗画，时作清言。每谈山水，亹亹忘疲，语及人间事，唯恐卧。未几，余贬居外吏，奔逐马足间者十余年。"（《居集》卷五十，第570页）

洪山人，名孝先，字从周，浙江永嘉人。客燕二十余年，张佳胤多与之唱和。有《甲乙集》，张佳胤为之序，见《居集》卷三十六《洪山人甲乙集小序》，第424页。

"洪孝先，字从周，以诗书画名重都下。张岷峡、许双塘、余同麓、何震川、潘澄川争折节下交。岷峡开府浙江，巡□式其庐，辞以疾，固请，乃见，终不往谒，时高其风。所著有《雁池集》。"（张宝琳修《光绪永嘉县志》卷十七《人物志》五"文苑"，第395页）

春，陈宗虞有越命，张佳胤送别。

张佳胤《于韶、汇甫见过，时于韶有越命矣，赋别，得云字》："侠气经过有使君，骊驹愁向客中闻。除书春犯蛟龙宅，落日天分鸿雁群。沧海投鞭驱赤石，吴山立马乱青云。欲知南北相看处，剑色时时烛斗文。"（《居集》卷十二，第200页）

四月，张九一有南京尚宝司卿之任。张佳胤送别。

《大明世宗肃皇帝实录》卷四百九十五"嘉靖四十年四月"条："壬寅，升吏部验封司署郎中张九一为南京尚宝司卿。"

张佳胤《再别助甫五首》之二："高旌摇落夏云翻，使者垂缨出蓟门。……闻道吴都称赋后，何人彩笔向中原。"之五："南去千峰乱入

吴，一尊残雨遍蘼芜。五陵衣马纷流水，六代风烟问太湖。"（《居集》卷十三，第 201 页）

五月，张佳胤谪陈州同知。陈州，今河南周口市。

刘黄裳《行状》："辛酉五月，风扭变作，权子嗾御史上考察疏，谪公陈州同知。"（《居集》卷六十五，第 727 页）

王世贞《墓志铭》："迁公膳部郎，……二公故社中友皆徙谪无在者。第与南海黎惟敬、汝南张助甫……多所唱和，侧目者谗之。分宜子曰：故王李社中白眼而讥执政者，此子尚无他。于是假风霾变，察诸官僚，而公得谪矣，谪而同知陈州。"（《居集》卷六十五，第 737 页）

张佳胤《祭柏山李先生文》中言："（李柏山）先生送于东郭，屏他客，嘱曰：子自今皆亨衢，但仕路甚险，切勿露才，取人忌妒。追惟斯教，犹在两耳。嗟嗟，自先子没后，不闻此言。使得早承先生训，岂复有辛酉之事耶？"（《居集》卷六十二，第 704 页）

李柏山，铜梁人，张佳胤为其门下士，谒选授江西奉新县丞。张佳胤为其撰《江西奉新县县丞李恭懿先生传》（《居集》卷四十，第 461 页）。

案："辛酉之事"，当指严嵩父子忌恨王世贞、李攀龙为首的诗社中人，因其讥刺朝政为过，在嘉靖四十年（1561）先后被贬出京。

黎民表送行，赴任陈州。

黎民表《送张肖甫谪陈州》："车骑西游不可攀，送君明日太行山。宦情肮脏风尘外，交态悲凉反覆间。书卷空留青琐闼，履声初下紫宸班。报恩亦有夷门客，莫拟梁鸿出汉关。"（《瑶石山人稿》卷十一，第 131 页）

贬谪陈州途中，曾过上谷拜见严太守。后过河北顺德，怀念李攀龙，作《过顺德，怀旧郡守李于鳞》（第 202 页）；过邺城（河北临漳县），访谢榛不在，留书《邺城留寄谢山人茂秦》（第 202 页）；入河南后，在

河南辉县的苏门山逗留，作《入苏门山道中偶成》（第129页），并拜见新乡太守陈卫辉，作《余游苏门淹留不能去，陈太守遣骑相招逐，走笔柬之》（第202页）、《月夜独酌喷玉亭，怀陈卫辉太守》（第129页）。

张佳胤《余谪宛丘（即陈州）过上谷，与严太守夜话》："中原南去客心孤，上谷逢君倒玉壶。"（《居集》卷十三，第202页）

张佳胤《过顺德，怀旧郡守李于鳞》："当年曾并李膺游，无日开尊不郡楼。大陆岂知芳草换，浮云犹傍浊河流。垂纶沧海期君远，投赋江潭迴自愁。独有太行堪共语，故将峰色满邢州。"（《居集》卷十三，第202页）

是年，在河南适逢乡试，张佳胤作主司。

张佳胤《河南辛酉乡试录序》："今年辛酉，河南当乡试之期。按御史某适至，严事肃官，程物振纪，与前御史某所聘四方文学之官暨诸贤良执事会期并集。"（《居集》卷三十二，第380页）

秋季，作《挽卢楠四首》。

其四"薜萝孤隧冷，秋草白云长。不见浮丘客，关河泪万行。"（《居集》卷五，第127页）

秋季，曾与吴国伦游河南汴水。其时，吴国伦谪迁河南归德（今河南商丘）司理。

吴国伦《同张肖甫登平台》："古木平台汴水涯，登临犹自忆豪华。梁王阁道游龙卧，魏客夷门列稚斜。日落榛芜秋万里，风飘砧杵暮千家。逢君是处堪杯酒，极北云山怅望赊。"（《甔垂洞稿》卷二十二第732页）从此诗"汴水""梁王""秋"等词语，可以看出作于在河南的秋季。

案：吴国伦在嘉靖三十九年（1560）秋季贬谪至河南归德，见嘉靖三十九年二月条。张佳胤在嘉靖四十一年（1562）秋季后也已经遣至山西蒲州，故此诗的写作时间姑系于此。

冬季，汝南刘绘之子黄裳兄弟拜访张佳胤。

张佳胤《冬夜刘子玄、子真昆玉见过，得登字》："天涯逢二仲，豪气失陈登。嵩洛名非薄，风云夜可乘。星河垂大野，樽酒尽寒灯。恨别何须赋，相期在固陵。"（《居集》卷六，第130页）

嘉靖四十一年（壬戌，1562年），三十六岁

初春日，在河南各地行役，作《登息县城楼，望濮公山祠》（息县，在河南新蔡南，第204页），《信阳城楼寓目，寄张太守》（第204页）。

张佳胤《张田寺追王太守不及》："陈蔡经过第，驱驰日易斜。"（《居集》卷六，第131页）

张佳胤《阳夏别朱子遂》："乘春来白马，去路转黄河。芳草客中绿，浮云天外多。"（《居集》卷六，第131页）

张佳胤《同王太守登太皞陵昊楼》："春色郊埛并马分，天门楼阁绝尘氛。……謇余摇落栖陈蔡，坐啸风流得使君。"（《居集》卷十三，第204页），应作于在陈州的第二年春天。太昊陵，在今河南省淮阳县境内。

春，曾拜访刘绘。

刘绘《春夜与张庐山对酌和韵》其后自注言："时张君以祠郎谪陈州别驾。"（刘绘《嵩阳集》，第26页）

张佳胤《玄湖谒嵩阳先生》："江上传经十七春，忽惊岁月老风尘。玄湖事业随鸿鹄，紫阁勋名自凤麟。弹铗空称门下客，转蓬翻作梦中人。相逢夜话惟丘壑，谁为苍生起钓纶。"（《居集》卷十三，第204页）

暮春时节，徐中行至汝宁（今河南汝南县）为太守，与吴国伦、张佳胤相会，同游梁台，自是愉快。

王世贞《墓志铭》："（张佳胤）谪而同知陈州，是时子与守汝宁，

而明卿由谪迁归德司理，三人相会，自愉快。"（《居集》卷六十五，第737页）

李熠《明故通奉大夫江西左布政使天目徐公行状》："戊午（嘉靖三十七年，1558），当入计。公行，闻父丧，途跣奔归，寝地庐墓者三年，强起补汝宁府。……癸亥，属内考，公为飞语所中，当左迁，解郡归。"（徐子舆《天目先生集》卷二十一，第823页）

张佳胤《喜徐子舆太守至汝南，与吴明卿迟于大梁》："十年空诵白头吟，虎竹新分汝水寻。授简谁夸题赋客，鸣弦深慰在陈心。浮名过眼堪迟暮，混□何人解陆沉。最是嵩云看不尽，高台留待使君临。"（《居集》卷十三，第205页）

张佳胤《同徐子舆、吴明卿登梁台》："荒台云树右夷门，雨后山川抵掌论。地厌两河吞孟泽，天留三子在中原。凭轩莫问前朝事，醮旧能招赋客魂。一眺千秋传我辈，风流今日有菟园。"（《居集》卷十三，第205页）

吴明卿《徐子舆补汝南太守将至，同张肖甫迟于大梁》："上国传书已暮春，儋帷几日渡河津。重逢汉吏分符处，合是梁园授简人。诗句小能酬造化，酒杯深白解风尘。中嵩云气平台月，便欲持之赠所亲。"（《甔甀洞稿》卷二十二，第733页）

张佳胤《与吴明卿》言："宛丘一别，岁序若驰，三载之间，片言未报。"（《居集》卷五十一，第582页）

秋既望日，在陈州。

张佳胤《壬戌既望泛舟苏湖》："客思惊逢壬戌秋，百年几醉此扁舟。在陈心事同哀郢，赤壁烟光赋宛丘。日月影将青镜落，江河声共白云流。谁知傲吏功名薄，何处风尘不壮游。"（《居集》卷十三，第206页）

秋天，以礼官播迁领蒲州牧。蒲州，现为山西永济市，在山西省西南。

刘黄裳《行状》"壬戌转守蒲州，蒲为晋名郡。"（《居集》卷六十五，第 727 页）

张佳胤《中宪大夫陕西凤翔府知府南泉孟公合葬墓志铭》："壬戌，余以礼官播迁领蒲州牧。"（《居集》卷四十一，第 473 页）

（清）乔光烈、周景柱总修《乾隆蒲州府志》卷七《宦绩》："张佳允，字肖甫，铜梁进士。以礼部郎中谪陈州同知，四十一年升知州。时地震未久，赋不时供，委屈拊循，而法亦不废。工吟咏，善书州之名胜，题咏殆遍。升河南佥事。"（《山西府县志辑》第 66 册，第 166 页）

张佳胤《量移蒲坂留别王大夫二首》之一："欢极曾冥契，愁深重解携。晋梁今道远，陈蔡昔悲栖。秋老群鸿急，河流远岸齐。登台千里目，日落大行西。"（《居集》卷六，第 132 页）

张佳胤《至蒲坂偶赋》："曾将陈蔡赋归舆，更向河汾问谪居。"（《居集》卷十三，第 207 页）

至蒲州，友人孟汝浚拜见。

张佳胤《中宪大夫陕西凤翔府知府南泉孟公合葬墓志铭》："时公服初衣率郡中诸大夫士拜余公室。余执公手问寒暄，公已不知余，余未尝忘公也。"（《居集》卷四十一，第 473 页）

秋，甫至蒲州，即治理黄河。

张佳胤《中宪大夫陕西凤翔府知府南泉孟公合葬墓志铭》："壬戌秋甫视郡事，城西黄河从东来，直冲西南城隅。"（《居集》卷四十一，第 473 页）

刘黄裳《张公行状》："城西（蒲州）迫河流，是年大决，啮其岸，州人汹汹。公为文祷于河，率众投土石塞其要害处，水渐杀而西。一日忽有声如雷，尽倒右岸，乃为取石龙门，筑方斗数百丈，至今赖之。"（《居集》卷六十五，第 727 页）

在蒲州，行役于侯马、樊桥（即今临猗县）等地。作《宿侯马驿》《宿

樊桥驿柬塞子修》（《居集》卷六，第133页）。侯马，位于山西省南部。

张佳胤《还蒲坂》："长阪分蒲望，初冬雪与归。天随孤雁没，云挟太行飞。宦拙潘安鬓，途穷阮籍衣。羁栖如有待，欲剪首阳薇。"（《居集》卷六，第133页）

约在此年冬季，曾受山阴王的邀请赴宴。

张佳胤《至日山阴王谯集得冬字》："西园追羽节，长日转寒冬。傲吏疏狂甚，王门礼数重。浩歌谁白雪，物候任黄钟。岂是燕昭客，吹葭黍谷峰。"（《居集》卷六，第134页）

张佳胤《山阴王诗集序》："余贬居蒲阪，旧业弃捐。王能拥篲，客我碣宫，每见授简抒章，下笔立就。深湛靡事，各备性情。信王侯之陈思，宗老之标帜也。集刻既竣，爰命敷言。"（《居集》卷三十四，第399页）写作于贬居蒲坂任上，具体时间未详，姑系于此。

（清）觉罗石麟监修《山西通志》卷六十三"封爵二"："山阴王逊煤，代简王第四子，天顺五年以代隘，徙王蒲州。谥康惠子。端裕王仕堸袭，薨。子荣靖王成鋆袭，有四十八子。子僖顺王聪澍袭，薨。子俊栅袭。"（第245页）

张佳胤《贺山阴王生长子序》："蒲坂，故山阴茅土封地也。"（《居集》卷三十六，第429页）

除夕，在蒲坂，感叹物华。

张佳胤《壬戌除夕》："郡阁风凄烛影斜，惊心箫鼓散邻家。城临爆竹将辞腊，春到寒梅欲放花。樽酒儿僮依旅舍，岁时母子各天涯。支离无赖微名系，客鬓明朝叹物华。"（《居集》卷十三，第208页）

嘉靖四十二年（癸亥，1563 年），三十七岁

是年，一直在山西蒲坂任上，或偶尔在山西境内各处行役或访友。

张佳胤《复嵩阳先生》："某滞蒲逾二霜，无他行，能可表见，直不敢渔猎元元。暇则选雷首片石，携诸豪宗，而议论文墨事，不尚法者面直之，仍罚大斗。故宗人，昔号桀横桡有司者，稍稍惧，绳之以文事。盖宗人好名喜品题，蒲中长老学士咸谓某得制贵宗之一奇也。"（《居集》卷五十一，第583页）

人日，行役陕西夏县，头发已现斑白。

张佳胤《人日见二毛》："吾季三十七，双眼又逢春。"（《居集》卷六，第135页）

张佳胤《人日夏县道中》。夏县，在山西运城临近。（《居集》卷十三，第208页）

元宵节，晏集襄垣王府。

张佳胤《元夜晏集襄垣王池馆十首》之五："不夜城何在？传灯有道场。偶来寻帝子，更得礼空王。灰劫身如寄，春心坐已忘。摩尼悬法界，未许百轮光。"（《居集》卷六，第135页）

（清）觉罗石麟监修《山西通志》卷六十三"封爵二"："襄垣王逊燀，代简王第五子，谥恭简。天顺五年徙王蒲州。子……诸王就藩，非请命不得定省。逊燀念大同不置，作《思亲篇》，词甚悲切，代人传颂之。其后，宗人聪瀁、聪泆、俊楠、俊榷、俊朵、俊杓、俊噤、充焞，皆娴文章。俊噤，字若讷，尤博学，不慕荣利，居五姓湖，自号芦花散人，有《佩兰集》行世。"（第245页）

春季，时时过从襄垣王游。

张佳胤《寿襄垣王序》："今皇帝四十一年……越明年某来典蒲郡。王以六月十八日为□度之辰，计寿八十有三。……今年春，王雅知某有山水癖，召从杖底而游于太行之巅。"（《居集》卷三十四，第399页）

张佳胤《元夜晏集襄垣王池馆十首》之八："卜筑成三径，招携借一丘。春兼元夕胜，尊拨几人愁。绮席明朱邸，银河倒画楼。霓裳今夜

曲，虚说广陵游。"（《居集》卷六，第135页）

（清）乔光烈、周景柱总修《乾隆蒲州府志》卷二《山川》："五姓湖，在永济县东三十五里，……旧有明襄垣王子所营别墅，独植幽奇，沧桑以后沦灭无迹矣。"（第64页）

六月，为襄垣王祝寿。见上条注。

曾去山西的尧城、赵城、洪洞、平阳等地行役，作《宿尧城店》《赵城道中》《雨过平阳柬裴山人兼贻以酒》等。（《居集》卷六，第136—137页）

赵城，在山西南部。（清）杨延亮修《道光赵城县志》卷一《疆域》："南至洪洞县治三十里。"（《山西府县志辑》第52册，第16页）

秋，在山西河津游龙门。

张佳胤《秋日游龙门二首》："双屐凭陵百丈台，梁山中断各崔嵬。龙门倒束洪河细，石峡高临碧汉开。"（《居集》卷十四，第214页）

案：张佳胤甲子春曾再游龙门，嘉靖四十三年深秋季节离开山西，故此次秋游龙门置于此年。见嘉靖四十三年（1564）《甲子春日再游龙门二首》条。龙门在山西河津市西北20里的黄河峡谷中，鲤鱼跳龙门的传说即在此，又称禹门。

秋，行役山西芮城，访县尹钱万选。

张佳胤《行役芮城柬钱明府》《赠钱芮城明府》，其中有"中条秋月夜，应共使君清"句。（《居集》卷七，第140页）中条，即中条山，位于山西省南部，黄河、涑水河间。横跨临汾、运城、晋城三市，居太行山及华山之间，山势狭长，故名中条。

钱芮城，即钱万选，字同野，时任山西芮城尹。《民国芮城县志》卷六《职官表一》"知县"："钱万选，浚县，嘉靖四十三年，贡生。"（张亘、萧光汉等纂修，1923年铅印本，第352页）

案：钱万选为孟思的亲戚。参见本年注。孟思《赠钱同野令芮城序》："有岷峡张公者，余昔亦获侍岷峡公左右，亦又不自量而以同野之贤且才闻张公。张公又以余言之为可见，而得其仪谈而灼其心，推之于上而挽之于下，由是同野之文章政事君师于山之西者，亦得闻之乎燕之北、卫之东矣。然张公匪徒缁衣之好无已也，而又彰之以诗云。"（《孟龙川文集》卷九，第163页）

在蒲坂，暇日参证明讹，钩沉索引，刻《华阳国志》，并作序。

张佳胤《刻华阳国志序》："余旧得钞本于澶渊晁君石太史家，篇章所存，缺脱十五。后舣舟江阳，与成都杨用修夜谈里中文献，因请所藏璩志旧本，录之笥中。数年，余以罪谪陈蔡间矣，迨又得副本于大梁朱灌甫氏，交豆取质，鱼亥稍明。今守蒲坂，退食既暇，采摭史志，或参证明讹，或附注钩深，或循体准制，独于疑阙不宜臆笔，爰付梓人，用章淹废。"（《居集》卷三十一，第365页）

冬季，客居脽上。

张佳胤《久客脽上，辱两王远饷，偶赋二章呈谢》："严冬倦行役，不为苦途穷。"（《居集》卷六，第138页）

脽上，明时属蒲州府荣河县。（清）乔光烈、周景柱总修《乾隆蒲州府志》卷三《古迹》："脽上，在荣河县北汾水上。"（第79页）

岁杪，于脽上行役，家中书报来，张佳胤第五子出生。

张佳胤《五子歌。张子行于脽上，书来报我添丁，感今怀昔，遂走笔述家世兴替之因，作长言五十八句，将以告母氏焉》："岁杪行役汾阴祠，脽上浮云日夜垂，南来尺素走霜馆，孤矢今悬第五儿。……我今行年三十七，诸儿膝下有参差。大儿弱冠近有室，古人章句窥藩篱。次儿十二好纸笔，三儿四儿犹谐嬉。"（《居集》卷四，第103页）

除夕，作《癸亥除夕》："霜残岁晚旅婚惊，为客长依虞帝城。"

（《居集》卷十四，第213页）

"虞帝城"指蒲坂，舜帝，名重华，号有虞氏，谥号曰舜。舜建都于蒲坂，国号有虞，在蒲州（今山西永济市）一带。

（清）乔光烈、周景柱总修《乾隆蒲州府志》卷三《古迹》："虞都古城，《括地志》：在蒲州东南。《水经》：河水自陶城南过蒲坂县西。注云：皇甫谧曰：'舜所都也。'以今考之，当即战国秦汉时蒲坂旧城。王莽所改蒲城者，舜之故都亦在此焉。"（第75页）

是年，王世贞曾向孟思索卢楠遗稿，编辑出版，孟思只寻得《蠛蠓稿》。

张佳胤《与孟得之》："己未（嘉靖三十八年）春杪，伛山解携。追念流光，六易寒暑。仆典蒲郡，冉冉二霜。……同野明府将奉翰觊，……且得讯省起居。……时方行役芮城，谨托毫素，少布积衷。"（《居集》卷五十一，第581页）

孟思《与张崛嵊》："卢次楩方疾病时，思就之永诀。卢曰：'楩不才，妄为诗赋数十百篇，然不皆善。君为汰其集冗，梓而行之，死且不朽。'方欲取之，而有承其乱者取去矣。夫岁大名兵宪王公知予与卢有文字之契，命徐尹索稿于予。予为求诸亲友，止得《蠛蠓集》，其《游江南稿》竟散遗无所于求也。呜呼，卢之不幸有如此！芮城使旋，谨具启谢，而并及此。"（《孟龙川文集》卷十一，第210页）

案：徐尹，指徐廷祼，徐曾于嘉靖三十九年（1560）任浚县令，嘉靖四十三年（1564）离任。（见《浚县志》卷三《职官表》"知县"，第143页），大名兵宪王公，指王世贞（参见嘉靖三十五年王世贞条注）。孟思文中言与张佳胤"自丁巳至甲子岁序"未尝互通音讯之语。可见此文当作于嘉靖四十三、四年左右，王世贞其时已从大名兵备任上离职在家里居。另，文中言及"同野明府"，指钱同野。钱同野，是孟思的亲戚，时在芮城为官。孟思《贺解州守陈公得子序》："明嘉靖甲子（四十二）岁，……予亲钱子同野尹芮城。"（《孟龙川文集》卷九，第181页）张佳胤与孟思的来往信件多由钱同野转递。张佳胤亦与之有唱和，参见本年秋季事。因此孟思此文作于嘉靖四十三年（1564）。文中言"去岁"之事，即是王世贞在卢楠死后的嘉靖四十二年（1563），又一次搜集卢楠作品，并为其出版。

嘉靖四十三年（甲子，1564 年），三十八岁

元宵节，时在山西蒲州任上。

《甲子元夕》："山馆风霜厉，张灯独夜情。青春前日到，火树隔楼明。门闭中条月，钟凄古解城。"（《居集》卷六，第 139 页）

解城，为古州县名，治所在今山西省运城县西南解州镇。（清）乔光烈、周景柱总修《乾隆蒲州县志》卷三《古迹》："古解梁城，临晋志云：在县西南三十里，五姓湖北。"（第 75 页）

升河南按察金事，饬颖上兵。

刘黄裳《行状》："甲子，升河南金事，兵备颍州。"（《居集》卷六十五，第 727 页）

初春，张佳胤曾行役于山西夏县、河津市等处。

张佳胤《去岁人日行役夏县，忽白一须，既赋值矣。今年客河东，亦以是日见白须，因怖其事，戏有此作》（《居集》卷十四，第 214 页）。去岁指嘉靖四十二年（1563），其人日时在山西夏县，见上年注。今年指嘉靖四十三年（1564），时张佳胤在河东，河东即山西河津市。

张佳胤《河东夜集张户曹园亭却赠》："自笑中原久留滞，春风空老故山薇。"（《居集》卷十四卷，第 214 页）

孟汝浚此年二月死，张佳胤往哭之。并于秋季，受孟汝浚儿子之请为孟汝浚作墓志铭。

张佳胤《中宪大夫陕西凤翔府知府南泉孟公合葬墓志铭》："今年甲

子二月二十一日，公为治父丧事过哀瘁，竟疾卒，享年六十有九。余往哭之。"（《居集》卷四十一，第 473 页）

孟汝浚，字子哲，山西蒲州人，号南泉子。与张佳胤有交情。

立春日，作《甲子立春》。

张佳胤《甲子立春》："解梁城内逢立春"。（《居集》卷十四，第 213 页）

贬居蒲坂，已经两年。

张佳胤《与孟得之》："己未（嘉靖三十八年）春杪，伾山解携。追念流光，六易寒暑。仆典蒲郡，冉冉二霜。"（《居集》卷五十一，第 581 页）

张佳胤《潜庵集序》："余贬居蒲坂且二载。"（《居集》卷三十四，第 402 页）

春日，再游龙门。

张佳胤《甲子春日再游龙门二首》："为爱丹梯万壑幽，重登天畔俯神州。层岩飞栈看如昨，石壁风涛迥自流。扶策再来当雨霁，振衣两度况春秋。逐臣不是逢留滞，那得龙门次第游。"（《居集》卷十四，第 215 页）

与孟思书信来往。

参见嘉靖四十二年条注。

秋，谢榛在山西游访，张佳胤往来见过。

谢榛《诗家直说八十五条》："甲子岁秋日，余赴晋阳故人之招。"（朱其铠等校点《谢榛全集》卷二十四，第 779 页）

谢榛《张肖甫见过留酌，是日大风，得秋字》："论旧聊樽酒，非缘秉烛游。藏名能自遣，往事复何求。迹短金张第，交深嵇阮流。悲歌朔气动，离合暮云浮。节序仍多感，乾坤岂四愁。菊寒人共老，霜白雁同秋。欲使中怀尽，何当彻夜留。登高阻佳兴，风色满西楼。"（朱其铠等校点《谢榛全集》"附录二《适晋稿》中全集未收诗"，第 826 页）

秋，张佳胤收到兵备颍川之报，欲归铜梁探亲，未遂。诏书频下，时已深秋。

张佳胤《河中闻兵备颍川之报，不遂省亲，怅然有作》："两年不惮簿书烦，地即唐虞旧俗存。兴到山川临鹳鹊，醉来词赋或菟园。虚名未答苍生望，建节叨承紫金恩。何处江门双极目，秋云常远北堂萱。"（《居集》卷十四，第 217 页）

作别谢榛。

张佳胤《九日留别谢山人》："我畏简书南下急，怜君台畔独登临。"（《居集》卷十四，第 217 页）

张佳胤此次擢升，应该与其治理黄河之涝有关。而治理黄河之涝的功绩，又是张佳胤听取了孟汝浚的建议。

张佳胤《中宪大夫陕西凤翔府知府南泉孟公合葬墓志铭》："壬戌秋，城西黄河从北来，直冲西南城隅，汹涛山涌，声过迅雷，距城垣不及丈许，势甚岌岌。顾余守臣，乃祭告渎神，并集诸大夫父老问计安出。有议□潴行之，竟不效。公奋然曰：'必填乱石捄目前，俟水落徐议修岸是策也。'余曰：'洪河可填乎？'众亦掩口笑，公曰：'河流直下，则填无益。今据冲口如弓状，且波涛盘旋，况河水多浊，以石投之，则水将盘石，而浊泥自相胶固，岸必成矣。此事已验于潼关，公勿疑。'余俯首思而是之，遂下令集乱石，不旬日填之果平。明年春，水涨，复循故道冲之，乃石愈固，其水怒鸣，一夜遂倒西数十丈去。余乃告之监司，发金易石，急岸之工成，郡人大悦。上亦谓余治河效，荐语在疏中。呜呼，上下人之贤余，岂余材耶？余借公（孟汝浚）策起声名，今擢为颍川兵备去，他人未知之也，余岂敢掠美自炫

哉！"（《居集》卷四十一，第475页）

临上任颍川前，在山西为人刻版《止一集》，并作序。

张佳胤《刻止一集序》："晋蒲坂有止一王先生者，余不及见其人也。余以礼官贬居是邦。访邦之旧德而祠之。……先生平日所为诗文甚富，自乙丑卒于京，长公龙川君方在韶稚，遂逸其稿，……仅得稿若干篇，以观余。……余将谋诸梓人，会迁颍川去，遂携稿以付寿州守传子子霖刻之。"（《居集》卷三十四，第403页）

深秋，谢榛送别。

谢榛《送别张金宪肖甫之颍州，兼忆徐太守子舆》："浮云蓟北叹相违，旧社词人各是非。谪后雨迁心事定，醉中多赋宦情微。黄花含笑孤秋色，白雁离群几夕晖。颍上有怀徐干远，建安风调迩束稀。"（《四溟集》卷五，第687页）

张佳胤《九日留别谢山人》："出门同听万家碪，语罢相看泪不禁。阅世空存投璧志，逢人谁辨曳裾心。江湖老去诗篇在，鸿雁来时秋气深。我畏简书南下急，怜君台畔独登临。"（《居集》卷十四，第217页）

携家眷，到达颍川任上的时间已经在此年冬天，

张佳胤《复嵩阳先生》："闻报摄戎颍上。除书限迫不能西向省觐慈亲，卜冬月初三日，就任汴台，二十日携家口驻颍川。二十三日奔趋滁、泗、扬、凤间，腊月二十七日始还（颍川）。"（《居集》卷五十一，第583页）

嘉靖四十四年（乙丑，1565年），三十九岁

开春，本欲探望刘绘，不得。

张佳胤《复嵩阳先生》："自去秋闻报摄戎颍上，……每语妻子此地

去光殊近，俟新年了贺节回，即走人省问起居。遂以正月初三日复行，不意至泗水，绣衣使者下令行部郡邑，某竟不得返矣。”（《居集》卷五十一，第583页）

两个月未归家，抱病江淮间。六月份至家时，张佳胤第四儿已夭折，时刚满八岁，并将亡儿灵柩送归铜梁旧里。

张佳胤《寄嵩阳先生》：“中夏颖人还，奉微言津津甚笃也。近缘毒暑行役，卑湿相交，抱疴江淮，忧端难拨。第四儿，昔云脾病者竟夭死。某时客真州，不能视其盖棺，痛愤何言！此儿八岁，警敏强记，属对应声，间作一二奇字，在群儿中亦称白眉。天必夺其佳者，何哉？六月望后，……还颍上，追哭亡儿，妻子辈相顾作色曰：‘何两月不见，颠毛种种？’……亡儿柩不忍远弃，送归吾土。”（《居集》卷五十一，第588页）

春天，行部淝上时，张佳胤曾欲接迎老母来颍上，老母遣张佳胤长子来任。时，父子分离已经八年。本欲遣长子赴汝州受教于刘绘，但是因长子水土不服，一直生病，作罢，此年秋季长子回铜梁。

张佳胤《复嵩阳先生》：“自去秋闻报摄戎颍上，……曾迎养老母。昨蜀中人来，老亲怯犯峡口，不远行，喜善饭，无恙。遣大儿子来任，计八年父子相离。”（《居集》卷五十一，第584页）

张佳胤《行部淝上，友人邢良登寄我〈草堂志〉题品甚夸，便欲神往，援笔作歌报之》：“我离乡县偶八载”，“崌崃主人胡不归，昨奉蓝舆养慈母，白头怯犯瞿塘口。”（《居集》卷四，第103页）

张佳胤《寄嵩阳先生》：“长儿远来，初拟某回颍，稍暇遣过门下，令其纵观礼乐，发所未闻。他日不必窥九嶷，探禹穴也。不谓此儿风云气少，自来任，不习水土，日亲医药。某亦不及言别，趁此秋风，与雁同归矣。”（《居集》卷五十一，第588页）

曾行役新蔡，张九一来访，宴于鲖阳。时张九一已任湖广佥事。

张佳胤《行役新蔡，张助甫吏部夜过，分赋五首》之一："蔡仲城依铜水阳，陲轩投马坐清霜。"之二："去国何如楚大夫，沉冥尽可托江湖。"之三："在陈日日赋归欤，汝海相依慰索居。贫贱人情他自得，沧桑吾世竟何如？名惭宾客今梁苑，兴到渔樵或孟渚。"（《居集》卷十五，第221页）

新蔡，在今河南省东南部。铜阳，即今安徽临泉县，与新蔡接壤，为西汉时旧郡名。

过庭训《张九一传》："出为甫尚宝卿，再谪广平丞，寻迁湖广金事，驻节岳阳景王归葬所。"（张九一《绿波楼诗集》卷首，第513页）

案：张九一于嘉靖四十年（1561）出为南京尚宝司卿，参见嘉靖四十年条，此年在湖广金事任上。

与张九一分手后，尺素不断。

张佳胤《答助甫》："铜阳宴罢，杳若晨参。……何如助甫吹笛岳阳，射蛟湘浦。决洞庭以灌卮，斩斑篁而为箫，使汨罗掩独醒之名，湘灵有再鼓之瑟。……忽枉赤牍，投我琼瑶，展采命觞，次第放歌。不觉铜阳故态耿耿成虹。"（《居集》卷五十一，第588页）

张佳胤《寄助甫》："尺素因君寄洞庭，相思平楚气冥冥。……歌残秋并暮峰青，从来作赋湘潭者，不但于今忌独醒。"（《居集》卷十五，第222页）

在颍期间，奔走江淮间，日无停轨，居无定所。七月，在安徽宿州行役，见《居集》第143页。

张佳胤《答助甫》："不肖视事以来，颍如旅舍，一年之间，旅食无赖。"（《居集》卷五十一，第588页）

秋天，调云南提学金事。

刘黄裳《行状》："明年（即嘉靖四十四年），调云南提学金事。"（《居集》卷六十五，第727页）

张佳胤《答助甫》：“适来闻命，不肖复作南中之行。……苍茫秋色，淮楚愁予。”（《居集》卷五十一，第589页）

张佳胤《闻（罗）虞臣被召，余方有南中之命》：“昨日征书出汉关，使君何以别青山。登台正切黄金骨，视草重还供奉班。衣袖风云彭蠡色，楼船秋岸菊花间。怀人若问南来雁，万里无由到百蛮。”（《居集》卷十五，第222页）

张佳胤《自颍上兵备改滇南提学偶成》：“早晚江淮罢鼙鼙，传经又过夜郎西。中原何士非千里，南极逢人问五溪。汉学久知新郡邑，华风无复旧雕题。求贤圣主今如渴，肯为襄惟祀碧鸡。”（《居集》卷十五，第222页）

作诗问询王世贞，时王世贞里居。

王世贞《肖甫自江北移滇臬，走使以诗见问，赋此奉客》：“七子翩翩共邺游，座中君岂减应刘。浮名顾影骄堪失，拙宦藏身老渐收。望里使星移益部，湖来春雪满扬州。故人沦落无须念，未死能宽薛荔愁。”（《弇四》卷三十八，第476页）

冬季，赴云南途中，在汴上逢陆束。

张佳胤《汴上逢陆道函太守，时道函上书乞休》：“南北歧途别后多，离心常傍楚云过。文章自昔从诸子，杯酒于今复太河。汉诏黄金来郡国，梁园青壁长藤萝。闻君近草归田疏，世路风尘奈尔何？”（《居集》卷十五，第223页）

《陆道函太守、一楼中尉冬夜饯别，得风字》：“挥手夷门正北风，……兹夕梁园同赋雪。”（《居集》卷十五，第223页）

“陆束，字道函，祥符人，嘉靖四十三年知宝庆府。介洁慈易，遇事有兴革必咨耆老，参伍乃行。士以文艺请者，口讲指划不少倦。”〔（清）边柱等监修，夏力恕编纂《湖广通志》卷四十六《名宦志》“宝庆府”，第727页〕

赴任云南途中，过渑池（今属河南三门峡市），阻于雪，友朋追送。

张佳胤作《阻雪渑池，一楼王子空石、左史皋亭、桐溪两文学各赋诗遣骑追送，余遂援笔寄答一章》。（《居集》卷十五，第223页）

途经长安、宝鸡、汉中等地，时在冬天，有《长安冬夜赠江少府》《宝鸡》《夜投草凉留寄汉中分守甘五》，见第224页。

途中，闻家乡铜梁有兵灾之患，便道归家。到家时间，当在此年年关左右。

张佳胤《栈道闻报》："一为迁客老中原，此日移官指故园。白羽偶然逢骑使，黄巾何意满江村？流离母子凭谁托，烽燧人家几处存。闻道诸侯持上策，各将不战答君恩。"（《居集》卷十五，第224页）

张佳胤《奉寿邑侯枫泉杜公序》："铜梁……自乙丑陷于妖贼，二百年生聚教训索然殆尽。"（《居集》卷三十四，第405页）。杜公，即杜凌云。（清）韩清桂等修，陈昌等撰《光绪铜梁县志》卷五《职官志》"政绩"："杜凌云，号枫泉，昆明人，隆庆中知县事。"

张佳胤《铜梁县志序》"不佞目睹乙丑之事，蔡贼一呼，少年攘臂于其间，守吏委城自保，使公私庐舍尽化为烽。夫妻人子胁从宜矣，而田舍翁首鼠与中何故哉？此正教化之不明也。"（《居集》卷三十四，第411页）

案：嘉靖四十四年底，以大足人蔡伯贯为首的白莲教教徒，以传习白莲教为名，四处散发传单，并发动武装起义，至嘉靖四十五年正月即被剿灭。《明通鉴》嘉靖四十五年"春，正月"条"戊午，四川官军讨妖贼蔡伯贯等，擒之。"（《明通鉴》卷六十三，第2249页）蔡伯贯的白莲教起义时间是嘉靖四十四年底，至嘉靖四十五年正月戊午被剿，历时三十六日，张佳胤亲历叛乱，归家后也曾亲眼目睹战乱场景，因此张佳胤回到铜梁的时间大体可以推断在此年年关左右。

"伯贯，大足人，以白莲教诳众，党日益盛，遂为乱，伪号大唐。旬月之间，连破七州县，然乌合无纪律，遇官兵辄败，诸首恶多被禽戮。伯贯惧，还大足旧巢，官军破巢，擒之，降其众七百余人。伯贯举事凡三十六日而灭。"(《明通鉴》卷六十三，第2249页)"旬月之间，相继攻陷合州、大足、铜梁、荣昌、安居、定远、璧山7城，并得到綦江、遂宁等地教徒的响应，但起义很快被四川巡抚刘自强所镇压，历时仅36日。"(陈世松主编《四川通史》第五册，第41页)

嘉靖四十五年（丙寅，1566年），四十岁

返家留滞两个月。兵变之后，家乡尽毁，留下妻儿陪侍母亲，于此年三月初八日单骑赶赴云南。

张佳胤《亡友邢良登先生墓志铭》："丙寅，余省太恭人里中。"(《居集》卷四十一，第467页)

张佳胤《寄胡正弗》："弟两奉足下，皆无一言相报。缘贼毁之后，奉亲侨居，愚民危疑，乱及鸡犬，又无良吏可恃。归来两月日，汹汹惧也。弟留妻子侍慈帏，三月初八日匹马南发。"《居集》卷五十一，第589页）

张佳胤亲身经历了叛乱，目睹变乱带来的民不聊生，忧心如焚，赋诗纪实。

张佳胤《即事四首》之一："天造铜梁胜，名曾剑阁俱。如何妖孽起，万室苦奔驱。"之三："闻道提兵使，翱翔江上行。举烽他自急，飞檄尔何名。有路填骸骨，无山不贼营。将军能惜死，多难只苍生。"之四："狂悖昌州贼，巴江得祸先。哭声遍畎亩，灾气照山川。伪号纵横起，妖书远近传。官兵两无赖，厌乱或皇天。"(《居集》卷七，第143页)

春季，在铜梁，同文子进等人游玩。

张佳胤《文子进昆玉游兴福寺二首》："忍草春能绿，禅枝夜可披。"(《居集》卷七，第143页)

文子进，参见此年注。

（清）韩清桂等修，陈昌等撰《光绪铜梁县志》卷二《建置志》"寺观"："兴福寺，县西北三十里。"（第 631 页）

四月，在云南乌撒。

张佳胤《乌撒署中抱病偶赋》："四月边城飞雪霜，哪堪伏枕对遐荒。"（《居集》卷十五，第 224 页）乌撒，明置乌撒卫，隶属云南司，即今威宁彝族回族苗族自治县。

五月，在云南行役。从乌撒，入滇城，再从样备到金齿。

张佳胤《入滇城》："西南天尽见雄都，气象中原自不殊。山削芙蓉青并出，日衔湖水色平铺。观风到处周藩服，建节何人汉大夫？偶向碧鸡祠下问，那知神物至今无。"（《居集》卷十五，第 225 页）

碧鸡祠，（清）鄂尔泰监修、靖道谟编纂《云南通志》卷十五"祠祀""云南府"："碧鸡山神祠，在府城西，碧鸡山麓。"（第 435 页）

张佳胤《自样备趋金齿》："五月江声走白沙，沙边石气尽云霞。峰阴寒积何年雪，瘴雨香生古树花。独立南荒成万里，每凭北斗问三巴。兰津见说明朝渡，绝域虚疑汉使槎。"（《居集》卷十五，第 225 页）

样备，即今云南漾濞彝族自治县。《明史》卷四十六《地理七》"云南、贵州"："大理府，……西有样备江，一曰漾鼻水，自剑川州流入，经点苍山后，合于西洱河，又西南流入澜沧江。"（第 1184 页）

金齿，今云南保山市。《明史》卷四十六《地理七》"云南、贵州"："永昌军民府元永昌府，属大理路。洪武十五年三月属布政司。十八年二月兼置金齿卫，属都司。二十三年十二月省府，升卫为金齿军民指挥使司。嘉靖元年十月罢军民司，止为卫，复置永昌军民府。领州一，县二，安抚司四，长官司三。东距布政司千二百里。"（第 1188 页）

又从金齿趋大理，时在六月。

张佳胤《自金齿趋大理》："六月虚疑瘴疠侵，山行番觉称人心。"

（《居集》卷十五，第226页）

秋，在云南大理，收到乱后离家的第一封家书。知晓慈母身体康健，释然重负。

张佳胤《大理得家书》："变后辞乡县，浮云绝国看。此书春夏隔，匹马道途难。鬓入苍山雪，心牵下泽兰。慈亲闻善饭，顿使百忧宽。"（《居集》卷七，第144页）

至云南安宁，时值四十初度，感叹岁月流逝，车马半生。

张佳胤《安宁登拱辰楼值初度漫成》："老大惊心四十春，高楼侧望欲沾巾。红颜青鬓惭无分，白璧黄金难具陈。六诏云山聊岁月，半生车马负君亲。开尊自寿薇花下，万里支离叹此身。"（《居集》卷十五，第226页）"六诏"，为云南少数民族的六个部落，此处代指云南洱海附近地区。

收到文子进的讣告。

张佳胤《文给事子进弃官二十载，今年诏起不赴，旋亦病卒。张子客滇，闻而伤焉，遂赋四诗》，后自注："今春同游江上诸寺。"（《居集》卷七，第145页）

"文芳，《旧通志》：合州人，号少江，嘉靖甲辰进士，官给事中，以忤严嵩父子归。读书奉母，母卒，庐墓，不入城市。时白莲贼乱，过其门，相戒勿扰，服阕后，累征不起。"〔（清）王梦庚修，寇宗纂《道光重庆府志》卷八《人物志》，第310页，《四川府县志辑》第5册〕

文芳，一写文方，《道光重庆府志》卷七《选举志》"进士"："嘉靖二十三年甲辰科秦鸣雷榜，文方，合州人，给事中。"（第225页）《明嘉靖二十三年进士题名碑录》"甲辰科"："文方，四川重庆府合州民籍。"（《国朝历科题名碑录初集》，第754页，《明清历科进士题名碑录》第1册）因此，文方，即文芳，子进，当为其字。文子进因忤严嵩父子回家隐居二十年，在嘉靖四十五年（1566）有诏令起用，张佳胤有《文子进给事应召至钧州，复上书请告，诗以促之》（《居集》卷十五，第223页）言及此事，但文子进未赴召，并于此年春季后卒于家。

秋季，在滇城（昆明），送友人征伐武定。训练士兵，其时云南武定州土官凤继祖聚兵叛乱。

张佳胤《送卢璧山征武定》："蛮天北望接妖氛，谈笑临戎见使君。徼外旧题司马檄，日南新驻伏波军。釜鱼生计须臾得，草木风声远近闻。不独全师能奏凯，还看盟府勒高勋。"（《居集》卷十五，第226页）

张佳胤《登滇城观兵》："城上西风吹客衣，炎方木叶未全稀。高台寒并旌旄立，列嶂青从睥睨归。壁垒秋声传夜柝，昆池烽色半渔矶。王师何日收新郡，徙倚浮云正北飞。"（《居集》卷十五，第226页）后自注"时武定府被叛酋围急"。叛酋，指凤继祖。

《明史》卷三百一十四《云南土司二》："（嘉靖）四十五年筑武定新城成，巡抚吕光洵遣郑竑回府复业。郑竑者，前为索林谋杀继祖者也。继祖执而杀之，纠众攻新城。临安通判胡文显督百户李鳌、土舍王德隆往援，至鸡溪子隘，遇伏，鳌及德隆俱死。佥事张泽督寻甸兵二千余驰救，亦败，泽及千户刘裕被执。镇巡官促诸道兵并进，逼继祖东山寨，围之。继祖惧，携泽及索林走照姑。已，复杀泽。官军追之急，由直勒渡过江，趋四川，依东川妇家阿科等。巡按刘思问以状闻，敕云南、四川会兵讨贼。"（第8096页）其中被执杀的张泽，张佳胤在《丙寅中秋同邬东泉右使、何宾岩大参宴集刘蒙庵左使宅，因忆张云田金宪》中亦提及，诗中自注："时张陷武定贼中。"（《居集》卷十五，第227页）泽，即张泽，安徽桐城人，嘉靖二十六年（1547）贡生，后升云南佥事，巡武定。在凤继祖叛乱中，曾帅兵征讨，被凤继祖所执，后被杀。

张佳胤参与征讨凤继祖之乱。

（清）靖道谟等纂修的《云南通志》卷十九"名宦传·张佳印"："字肖甫，四川铜梁人，有文武才。嘉靖间任提学佥事，边务多取决之，讨凤贼时守御尤力。"（第653页）

秋季，在昆明官署。

张佳胤《署中秋怀四首》其二："瘴海西南日月偏，秋空高落五华烟。寰中足迹将无遍，江上茅堂亦可怜。滇水向来龙马窟，昆明不见汉楼船。桑弧本是男儿事，矫首风云北斗边。"（《居集》卷十五，第227页）

秋季，与王世贞、王敬美有书信往还。

张佳胤《寄答王元美三首》其二："大荒天尽客为星，南极怀人两洞庭。无数秋风增白发，空留霜匣老青萍。"（《居集》卷十五，第228页）

张佳胤《答王敬美》："结交二季尽平生，才气当时满汉京。容易云霄能自致，艰难肝胆向谁倾。抽簪不为秋风起，舞剑常从泽畔行。岂独令兄能著述，卿家法护旧齐名。"（《居集》卷十五，第228页）

十二月，视学南中（云南），校诸生，并游安宁温泉。

张佳胤《山房鸡肋稿题词》："嘉靖丙寅视学南中，则校诸生。"（《居集》卷五十，第570页）

张佳胤《游安宁温泉记》："嘉靖丙寅十二月二十三日，余校士安宁毕，将欲观汤池。"（《居集》卷三十九，第455页）

张佳胤在云南期间倡导文教，崇雅黜浮，滇人翕然从风。

刘黄裳《张佳胤行状》："滇人故椎鲁，公仿文翁之教，明要束，严训课，崇雅黜浮，文学日益盛，称'西南齐鲁'焉。"（《居集》卷六十五，第727页）

十二月，明世宗嘉靖皇帝驾崩，年六十。同月，裕王（即穆宗）继位，以明年为隆庆元年。

《明史》卷十八《世宗二》："（嘉靖）四十五年，十一月己未，帝

不豫。十二月庚子，大渐。自西苑还乾清宫。是日崩，年六十，遗诏裕王嗣位。"（第250页）

张佳胤《送张内山擢甘州迴卿便还会稽》自注："时今上即位。"（《居集》卷五十，第229页）

除夕，在云南，思乡心切。

张佳胤《丙寅除夕朱元意见过兼贻家酿》："击鼓同君听大傩，天涯兹夕欲如何。金陵春酒堪吾醉，滇海云山入夜多。人世流年随斗柄，乡心终日绕藤萝。行藏莫问他时事，双鬓明朝四十过。"（《居集》卷十五，第228页）

隆庆元年（丁卯，1567年），四十一岁

元宵节，在云南。

张佳胤《元日柬陈宪长》言："丁卯元日天气清，万家箫鼓相和鸣。炎方梅柳已春色，小阁风烟无世情。"（《居集》卷十五，第229页）

二月，与友人游云南临安三洞。

张佳胤《游临安三洞记》："临安，古句町国。治在滇之異方，势最下，达交广界，仅四百里。气早奥，初春，衣不能袷。……西北有水云、万象、南明三洞者，传奇久矣。余友宾岩何君、海峰朱君日谋与余往。余先往，毕试事，迟之，乃丁卯花朝也，继得二君书，不果来。厥明，与璧山卢君出东门，北渡泸江桥。"（《居集》卷三十九，第457页）

（清）鄂尔泰监修、靖道谟编纂《云南通志》卷三《山川》："临安府：石岩山，在城东十五里，一名蒙山，山麓有洞，名岩洞。……其洞有三，又称阁洞，迁客阁闳所辟也。一曰水云石乳倒垂，于形万态。一曰南明，上有两窍，阳光射入，见石床丹龟。一曰力象，石灯悬崖，隐隐闻风雷声，号为句町三洞。"（第60页）

八月，王世贞与弟王世懋至京，为父王忬讼冤，复原官。

《明通鉴》卷六十四"穆宗隆庆元年"："是月（八月），刑部郎中王世贞与弟王世懋，伏阙为其父忬讼冤，言为严嵩父子所害，大学士徐阶左右之，诏复忬官。"（第 2274 页）

王世贞《朱在明诗选序》："余以丁卯伏阙，识靖江朱在明公车间。……自是余虽强起家，然娄请告。"（《弇续》卷四十四，第 580 页）

是年，迁参议广西。

刘黄裳《行状》："丁卯，参议广西。"（《居集》卷六十五，第 727 页）

得到参议广西之信后，即归家铜梁，为母亲祝寿，其母沈氏生日是九月十八日。并在家等待入粤任职的日期。

张佳胤《与卢按察璧山》："明发渐入蜀界，寓月巴丘，亲舍在下。且北堂初度，将及游子。专往届期前寿，皆台下之明惠也。何敢忘？何敢忘？敝庐为妖贼破尽，今当枝数橡蔽风雨。且瞿塘夏波，古有明诫。入粤之期，亦难自决。除书前已奉勉，不审云何。弟自离滇，如坐井中，世故漫不相闻。"（《居集》卷五十一，第 590 页）

归家途中，经过贵州毕节等地，作《毕节道中喜晴》。

《途中寄卢宪长二首》之一："金马别何易，浮云遂渺茫。万重峰自远，五尺道俱长。柱后星垂座，台前夏有霜。褰帷知气象，奔走夜郎王。"之二："宦迹仍南粤，斑衣且敝庐。""斑衣"用老莱子服彩衣，孝养双亲的典故。此处即指张佳胤回家铜梁探亲。（《居集》卷七，第 148 页）

冬日，在铜梁，游邢良登的竹雪亭，并为其作序。

张佳胤《竹雪亭记》："余自滇归，访其庐，坐余亭上。……余坐而乐之，邢子抚然曰：'自子之游也，前冬妖贼煽乱，焚屠城邑。……'余曰：'赤子弄兵横池，罪在守臣之不良。今天子践祚之始，黜陟幽明。……'"（《居集》卷三十九，第449页）"前冬妖贼煽乱"，指嘉靖四十四年底蔡伯贯白莲教之乱。"天子践祚之始"，是指明穆宗隆庆元年（1567）的登基之年。可见，此文作于隆庆元年（1567）冬季。

在铜梁，并朝夕于李栢山前侍几杖。

张佳胤《祭栢山李先生文》："某自滇还，得朝夕侍几杖，及之官粤中，先生送于东郭。"（《居集》卷六十二，第704页）

隆庆二年（戊辰，1568年），四十二岁

春天，至广西，在左江巡道任上。

张佳胤《余摄左江巡道，因题心远亭二首》之二："摄事初临郡，高斋偶寄居。亭幽堪退食，草碧已前除。"（《居集》卷八，第150页）

左江巡道，是明代广西按察司的派出机构，兼具"兵备"衔，注重对地方的军事控制与巡查。明代中后期左江道下辖南宁府、浔州府、太平府。明代洪武二十九年（1396），明政府将全国所设立的41个按察分司改称"道"，在广州境馁设置三道，即桂林苍梧道、左江道、右江道。[参见郑维宽《论明清时期广西的历史进程与政区响应》，《广西师范大学学报》（哲学社会科学版）2012年第3期，第125页]

春天，在苍梧（今广西梧州）行役时，遇到俞大猷。

张佳胤《苍梧江上逢俞总兵却赠》："百战名从截海知，楼船今遇桂江湄。腰间早佩将军印，岭表争传下濑师。白发谈兵俱上指，苍梧听雨亦多时。于今天子思飞将，铜柱功勋好自垂。"（《居集》卷十五，第230页）

张佳胤《与俞虚江总兵》："今幸游西广，遇将军配印苍梧之野，似

若天假之奇。……别后即赋诗一章，无便以寄。……近日行部南宁，远辱使者将奉翰贶。"（《居集》卷五十一，第590页）

俞大猷（1503—1579），字志辅，号虚江，晋江（今福建泉州）人，明代抗倭名将。俞大猷在嘉靖四十五年（1566）被任命为广西总兵官（《明通鉴》卷六十三"世宗嘉靖四十五年"条，第2258页），隆庆二年（1568）三月，"诏广西总兵官俞大猷讨广东贼"，并兼督广东兵协讨。（《明通鉴》卷六十四，"隆庆二年"条，第2278页）

春天，行部南宁。

张佳胤《行部南宁风气明丽喜而赋之》："浮云东去接昆仑，雨过春明水竹村。"（《居集》卷十五，第230页）

春季，在南宁阅兵。

张佳胤《阅视南宁城》："炎郊春望白云浮，指顾提封一瞬收。睥睨青依千嶂出，楼台声绕二江流。"（《居集》卷十五，第230页）

张佳胤《阅武》："承平不讲六韬文，教士春原尽日曛。营势总然成虎豹，阵图曾否象风云。关门锁钥孤城重，天地华夷一郡分。莫道南方难用武，斯民旧号伏波君。"（《居集》卷十五，第230页）

与黎民表有书信来往。

张佳胤《浔州寄黎瑶石》："身滞炎荒余瘴疠，春从瑶草梦罗浮。寸心已寄浔阳水，东指羊城日夜流。"（《居集》卷十五，第230页）羊城，今广州市。黎民表，广州从化人。

浔州，即今广西桂平市，别名浔州，位于广西东南部。

张佳胤《寄别黎惟敬》："苍梧虚说近罗浮，一水相望似女牛。乱后林园还好在，病中药里不曾休。归心暂借辋轩便，交道何妨岁月流。此别西南成万里，长江沧海各悠悠。"（《居集》卷十六，第232页）

吴明卿有书来，闻明卿再调，涕下。时明卿在北京待调，并于此年

被贬高州。

张佳胤《得吴明卿书》："提书万里向长安，寄入苍梧掩泪看。不分宦游随地拙。从来直道事人难。黄金天畔台空在，白雁秋高路自宽。近说云霄开汉阁，怜君无处可弹冠。"（《居集》十六，第232页）

吴明卿《寄怀张肖甫参议，时自滇南赴西粤》："中原迁客一时收，不道还同万里流。金马已闻归汉使，青门何意老秦侯。十年兵火居难卜，一字关山泪未休。望望苍梧南纪尽，白云先入故人愁。"（《甔甀洞稿》卷二十三，第10页）

吴明卿《明吴仲子牧良墓志铭》："戊辰，予被谤，改知高州。"（《甔甀洞稿》卷三十六，第145页）

李惟桢《湖广按察司佥事方公墓志铭》："丁卯，登贤书第三人，明年成进士。时吴先生（吴明卿）入觐。"（《大泌山房集》卷八十一，第420页）

高州，今广东省高州市，在广东西部。

张佳胤《与吴明卿提学》："无何，徙滇，再徙粤。……在苍梧床褥，闻明卿再调，病中惊起，歌风雨西窗之诗，不知涕之何从。"（《居集》卷五十四，第619页）

隆庆三年（己巳，1569年），四十三岁

春天，往返广西、湖北荆州间行役，得少时先生李栢山的讣告，悲痛万分，泣泪撰写祭文。

张佳胤《祭栢山先生文》："隆庆三年十二月初十日，门生某羁于职守，图归无由。……顾粤中去家甚远，经岁无所寄问。及今春过枝江，闻先生之讣音。"（《居集》卷六十二，第704页）

枝江，明朝隶属湖广布政使司荆州府。

在荆州，过赵汝泉宅。

张佳胤《赵汝泉乃翁望庵小像赞》："今年经荆州，过公仲子汝泉斋阁中，幸获谒公像，据像作于嘉靖庚申（三十九年），时公六十九岁，越今十年所矣。"（《居集》卷五十，第573页）

"赵贤，字良弼，汝阳人。嘉靖进士，为户部主事。出监临清仓，治辽东饷，皆励清操。历荆州知府，以治行闻。迁右佥都御史，巡抚湖广，尽便宜十事上之。复奏行救荒四事，时张居正综核吏治，诸司振饬。贤特为巡抚冠。抚山东，奏免积逋银米七十万。贤敏于政事，受知居正。以知府□迁巡抚，人不以为私。终南京吏部尚书。"〔（清）和珅撰《钦定大清一统志（四）》卷一百六十九《汝宁府二》，第419页〕

倪元璐《南京吏部尚书赵汝泉公墓志铭》："赵公，讳贤，字良弼。汝泉，其别号也。家汝之董村，弱冠成进士。起家农曹，回翔郎署者六年，守顺德，再守荆，以三品服视荆篆者五年。抚楚，再抚齐鲁者八年。"（《倪文贞集》卷九，第112页）

（清）查子庚修，熊文澜纂《同治枝江县志》卷九"学校志中"收录了张佳胤春季在荆州行役时所作的两首诗《紫山怀古》，其一："四望烟光楚塞开，丹阳春色正徘徊。长江滚滚浮天去，芳草萋萋接地来。异代君臣如在眼，一时宾从且衔杯。挥毫各有登高兴，授简惭予作赋才。"（第582页，同治五年刊本）此篇在张佳胤集中亦有收录，题目为《同冷尹府高太史游紫山》，见《居集》卷十六，第233页。

春末行役荆州，本欲西返广西，时值长江洪水，且妻子病甚，不得已留滞荆州。其时已收到兵备大名的除书，限秋天赴任。

张佳胤《与赵良弼太守》："向时车盖行澌洋枝江，舍亲负弩以往，往且卒遽，遂失候起居。枝江返，乃持赤牍临辱，益服公长者。生自暮春理装西归，业已拏舟，适荆妇病甚，就医药，及稍愈，则蜀江大泛，不辨牛马，又安能携家冒险为也。妇既不得自宜之任，但盛夏入炎方，是视功名重如此。身兼除书，限在秋，不得已留滞枝江。……拟暑退，即入广。"（《居集》卷五十二，第594页）

《明通鉴》卷六十四"隆庆三年"条："闰六月，真定、保定及山

东、浙江、江南俱大水。"（第 2290 页）

张佳胤《陕西延安府通判石门李公墓志铭》："隆庆己巳，余兵备大名。"（《居集》卷四十四，第 494 页）

刘黄裳《行状》："己巳，兵备大名。"（《居集》卷六十五，第 727 页）

《大明穆宗庄皇帝实录》卷三十三"隆庆三年六月"条："丙戌，升广西布政司左参议张佳胤为河南按察司副使。"

案：张佳胤此次之任为代王世贞之任，为河南按察司副使，整饬大名。参见本年王世贞条。

大名府，明朝归河南省。

（清）唐执玉、李卫等监修，（清）田易等纂《几辅通志（一）》卷十四"大名府"："明洪武元年为大名府，隶河南分省。二年，隶北平行省。九年，隶北平布政司。永乐初，直隶京师。"（第 257 页）

赴任途中，再次路过荆州，留滞约两月，投奔时在枝江做县令的同乡姻家冷文煜。

张佳胤《枝江县改修儒学记》："汝南赵君某守荆州，好以德教拊循其民，而尤重士。故枝江士以迁学请赵君议，上诸司从之。时吾邑冷君某为邑令，仰成其议，悉心注措，不烦民财，力而学之。……余经其地，观厥成焉。学官常某帅其弟子某等征记于余。"（《居集》卷三十九，第 451 页）。学官常某，指常思良，山西垣曲县岁贡，曾在隆庆二年（1568）至六年（1572）任枝江教谕。〔（清）查子庚修，熊文澜纂《同治枝江县志·职官志上》，第 803 页〕

案：邑令冷君某，即冷文煜，铜梁人，嘉靖二十五年（1546）举人，与张佳胤为姻亲。张佳胤在《郑七楼墓碑》中言隆庆三年（1569）官粤中，往来荆州，"会予姻家冷公为枝江令"（《居集》卷四十八，第 540 页）。张佳胤其子"叔琦聘邑举人冷文煜长女"，见张佳胤《先考南溆府君行状》（《居集》卜九，第 550 页）。

（清）韩清桂等修，陈昌等撰《光绪铜梁县志》卷六《选举志》"举人"："冷文煜，嘉靖二十五年丙午科。"

（清）查子庚修，熊文澜纂《同治枝江县志》卷十一《职官志上》"知县"条，"冷文煜，四川铜梁县举人，隆庆二年任，旋即内升部郎，转某省金宪。赴任，过枝，老幼道迎，相对泣下失声，遮留数日始行。"（第766页）冷文煜在枝江县令任上的时间，是隆庆二年（1568）至隆庆四年（1570）。隆庆四年（1570）二月冷文煜母亲卒于枝江，归家丁母忧，见张佳胤《冷太母朱氏墓志铭》（《居集》卷四十三，第486页）。

结集自己云南、广西以及滞留荆州期间所作的八股文，定名为《山房鸡肋稿》。

张佳胤《山房鸡肋稿》："隆庆己巳，余自粤西归。值夏水没滟滪，遂阻丹阳。凡兀坐两月，则课儿辈，每见所为文无当于心者，辄援笔窜易，儿辈私录之，稍集成秩，凡若干篇，盖滇、楚前后所制也。儿辈请题其端，遂命之曰：鸡肋。"（《居集》卷五十，第571页）丹阳，指湖北荆州。

在荆州时，与冷文煜一起祭拜郑天佑的墓地，冷文煜树碑，张佳胤撰写墓志。

张佳胤《文林郎四川铜梁知县七楼郑先生墓碑》："余今年官粤中，往来荆州。问先生墓，既远不能谒，乃访先生之仲子子修君者，讯其墓，濯濯无卷石也。会予姻家冷公某时为枝江令，亦先生门下士，私与谈先生往事，相向凄然，谋为先生树碑。冷公即伐石，于是子修君具状来请予文。"（《居集》卷四十八，第540页）

郑天佑，荆州人，号七楼，嘉靖十七年（1538）除铜梁知县，"以文学缘饰吏治，士争慕之。"张佳胤作童子时即在其治下，见器于郑友善，见张佳胤《文林郎四川铜梁知县七楼郑先生墓碑》卷四十八，第537页。（清）韩清桂等修，陈昌等撰《光绪铜梁县志》卷五《职官志》"政绩"有传。

约初秋季节，张佳胤离开湖北枝江，赶赴河北大名，赵汝泉等人饯别。有《赵汝泉大参、施恒斋宪副饯别荆州北门》《和徐使君七月八日楚望山饯别之作》，见《居集》卷十六，第234—235页。

荆州，与郑子修告别。

张佳胤《荆州别郑子修》："与君结发蜀江游，南郡相看渐白头。异地风云悲出处，伤心岁月动沉浮。登台家指彤丘树，握手秋深王粲楼。荆玉从来非一献，逢人何必暗相投。"（《居集》卷十六，第234页）

案：郑子修，为郑天佑的第二子，儿时曾陪郑天佑在铜梁任上，与张佳胤交好。参见本年条注。

告别冷文煜。

张佳胤《旅食枝江甚久，时将赴大名矣，谢别冷尹》："君侯能好我，忽别向中原。暂假天雄节，徒销地主魂。情投淹岁月，客久长儿孙。国士遗风在，难忘一饭恩。"（《居集》卷八，第152页）

张佳胤此次赴任大名兵备，是代王世贞，王世贞因病不能赴任。

张佳胤《代王元美为大名兵使》："逐臣稍起右扶风，建节相传使者同。敢谓三台增气象，且令双剑并雌雄。情知薄宦堪藏拙，老傍虚名总未工。谁向吾曹夸结绶，上书君意乞江东。"（《居集》卷十六，第239页）

钱大昕《弇州山人年谱》："（王世贞在隆庆二年）四月，以言官荐，起为河南按察使司副使，整饬大名兵备。……（隆庆二年）除夕，得擢浙江布政使司左参政，分守湖州。"（田汉云点校本，陈文和主编《嘉定钱大昕全集》第四册，第8页）

王世贞《患病不能赴任，恳乞天恩仍旧致仕疏》："原任山东按察司副使致仕臣王世贞，隆庆二年四月初十日传到邸报，吏部题奉钦依起用臣为河南按察司副使整饬大名等处兵备。"（《弇四》卷一百九，第721页）

王世贞有浙江布政使左参政之任，又是代李攀龙。

李攀龙《报张肖甫》："元美得足下代，固奇，而所代复不佞，岂不益奇。"（《沧溟集》卷二十八，第 368 页）李攀龙于隆庆二年十二月起为河南按察使，并于隆庆三年二月抵任。

《大明穆宗庄皇帝实录》卷二十七"隆庆二年十二月"条："乙亥朔，升浙江布政司左参政李攀龙为河南按察使。"

李攀龙《与余德甫书》："则十二月河南之命又下矣。元美与为代焉，元美正月自大名亦诣济南视不佞，不佞与雄饮，一鼓而尽一石矣，盖二年也。二月抵河南。"（《沧溟集》卷二十九，第 379 页）

王世贞《忠孝祠碑》："隆庆之戊辰冬，余自副察起再游大名。"（《弇四》卷九十七，第 561 页）

六月，李于鳞因母亲张氏去世，回家丁忧。

张佳胤《与李于鳞》："往秋，移我魏镇。适于鳞起为汴台，使得报喜，非以微名故也。寻抵魏，于鳞先免丧去矣。"（《居集》卷五十二，第 597 页）

殷士儋《诰赠中宪大夫顺德知府李公合葬墓志铭》："隆庆己巳闰六月五日，继室太恭人张氏卒。"（殷士儋《金舆山房稿》卷九，第 766 页）

中秋季节，在河北唐县行役。

张佳胤《军城驿中秋独酌》："飞镜宵悬对浊醪，醉横双眼察秋毫。城荒砧韵听难尽，雨洗霜空望自高。"（《居集》卷十六，第 236 页）

军城驿，在河北唐县。（清）纪弘谟修，郭棻纂《康熙保定府志》卷三《建置》"唐县"："军城马驿，在县治西北九十里。"[《康熙保定府（直隶）志》，康熙十九年刻本]

秋，带兵在河北唐山迷路。

张佳胤《提兵入中山，夜投唐山，大风不能列炬，遂致路迷》："暮云西望大行生，黯淡愁兼夜半程。欲堕路岐扬子泪，何因身到栢人城。孤村木叶中天舞，大卤秋涛卷地鸣。猛士只今思未得，飘飘空自绕长缨。"（《居集》卷十六，第235页）

迁道河北真定，赴友人之约。

张佳胤《迁道真定赴梁右使之约》："匹马恒山枉道过，情深鸡黍奈君何。"（《居集》卷十六，第236页）

张佳胤《真定杨太守宴于南郊》："亭榭南开沱水滨，使君张具出风尘。"（《居集》卷十六，第236页）

真定，今河北正定县，位于河北省西南部。

驻扎在河北黄寺、宋家庄堡等地。作《八月宿宋家庄》《秋夕宴集黄寺水亭二首》，见《居集》卷八，第153页。

刘黄裳《行状》："己巳，兵备大名，赈河北流民，提兵三千驻黄寺，畿南大安。"（《居集》卷六十五，第727页）

"黄寺堡，在邢台县西北四十里。又宋家庄堡，在县西北一百里。俱明时大名兵备防秋处。"［（清）唐执玉、李卫等监修，（清）田易等纂《几辅通志》卷四十一《关隘》"顺德府"，第909页］

游保定府北岳庙。

张佳胤《谒北岳庙》："黑帝神因片石栖，山前坛墠碧霄齐。树从唐宋参天出，云自幽并绕殿低。"（《居集》卷十六，第235页）

张佳胤《北岳庙有石如碑，郡志谓舜北狩时自大茂山飞于曲阳，遂庙焉。按恒宗在浑源州，或后世以塞外祀不便，借此石以文其事欤》："飞传灵石下恒阳，别殿云盘偃卧长。岳力有无来大茂，汉家祠祀重陈仓。千秋犹带青山色，瑶夜深垂白玉光。羽翼谁看移内地，神威岂是避龙荒。"（《居集》卷十六，第235页）

案：北岳庙，坐落在河北曲阳城内西侧。张佳胤此诗所记"北岳庙"之祭祀，历史上一直有争执。一边是河北曲阳有庙有祭祀而无恒山，另一边则是山西浑源有山而无庙也无祭祀。此事在明成化年间山西籍进士乔宇的《恒山记》中即已有明确记述："北岳在浑源州之南，纷缀典籍。书著其为舜北巡狩之所为。《恒山水经》著其高三千九百丈，……路益险，登顿二里，始至岳庙。颓楹古像，余肃颜再拜。庙之上有飞石窟，两崖壁立，豁然中虚。相传飞于曲阳县，今尚有石突峙。故历代怯升登者，就祠于曲阳，以为亦岳灵所寓也。"〔（清）觉罗石麟监修，储大文编纂《山西通志》卷二百六，《艺文》二十五《记》六"明"代，第 693 页〕。至清顺治十七年（1660），开始将北岳恒山之祭祀由河北曲阳北岳庙，改到山西大同府浑源州。

是年，曾派使者赴河南浚县搜寻卢楠遗稿，未得，命人为其树碑建墓。

张佳胤《卢楠集序》："后余贬居，浮湛下吏。隆庆己巳稍迁魏，使者求山人（卢楠），而墓木拱矣。浚人故忌山人，收其遗言无所得，乃为诗吊之，檄有司树碣墓道，并恤其寡君云。"（《浚县志》卷二十，第 1049 页），并参见嘉靖三十四年及嘉靖三十九年条。

《浚县志》"名人墓葬"中记有此事，言："卢楠墓前有张佳胤谒墓题诗刻石，墓及墓碑民国间不存。"（王文章等编《浚县志（1986—2000）》，中州古籍出版社 2007 年版，第 144 页）

作《挽卢楠四首》。

其一："忧患人俱有，飘零尔独偏。生难容浊世，死岂负皇天。鬼录甘从馁，遗文妒不传。山阳谁把笛，吹向故人前。"（《居集》卷五，第 127 页）案：从诗中"遗文妒不传"句，挽诗应该写于此时。

十二月十日，为其少年时的先生李栢山撰写祭文。

张佳胤《祭栢山李先生文》："隆庆三年十二月初十日门生某羁于职守，回归无由，谨捐俸遣男某置办牲醴香帛之仪，而以文告于李栢山先

生之枢。……"（《居集》卷六十二，第703页）

《光绪铜梁县志》卷八"人物志"上"名贤"："李恒，号栢山，嘉靖中贡入太学，善属文，尤精于说易，多发先儒未发之秘，教授门徒，率皆高第。后除奉新县丞。"

隆庆四年（庚午，1570年），四十四岁

春天，在河北大名，时曾三甫从关中来，携母来邢台，与张佳胤聚会。曾三甫将赴浙江。

张佳胤《曾三甫将母邢台同达行甫燕集》："尺书久矣隔苍梧，何意逢君祖乙都。草色新年堪秉烛，春风深夜好呼卢。板舆并引青山度，郢国归传白雪孤。满座文星占太史，中原兹会向来无。"（《居集》卷十六，第236页）

祖乙都，即河北邢台。商朝祖乙，曾迁都于邢。

张佳胤《送曾大参三甫之越中》："赁酒平原匹马春，送君山色并嶙峋。紫衣尚带函关气，（原有注：公自关中来。）蜡屐知从禹穴频。若到薇垣称使者，由来岳牧用词人。江南行处看如画，赋就将无托素鳞。"（《居集》卷十六，第236页）

曾三甫，即曾省吾，字三省，晚年自号恪庵，明代湖广承天府钟祥县人，生于嘉靖十一年（1532），嘉靖三十五年（1556）丙辰科进士，为明代名臣。于嘉靖、隆庆、万历三朝历官富顺知县、太仆寺卿、都察院佥都御史、副都御史，其间曾巡抚四川和督学陕西。万历三年（1575）升兵部侍郎，旋擢南京左都御史，八年召拜工部尚书，十年加封太子太保，同年被勒令致仕。十二年，受已故内阁首辅张居正株连，被抄没家产，削籍为民。《明史》未立传。

二月，王世贞乞骸，不允。八月，赴任山西按察使。

王世贞《患病不能赴任乞恩致仕疏》："山西等处提刑按察司按察使

臣王世贞谨奏。臣先任浙江布政司左参政，于隆庆四年正月初四日接到吏部急字，文凭一道内开题奉钦依升臣前职，限四月初一日到任。臣即于次日离省前至常州府地方，忽感风痰，□晕、流火、湿痛等病。"（《弇四》卷一百九，第 722 页）

王世贞《适晋纪行》："隆庆己巳冬，余迁山西按察使。其明年之二月乞放归田里，不许，至六月期限已逾，会老母病良已，始决策治行，十九日五鼓乘月出西关。"（《弇四》卷七十八，第 299 页）

二、三月间，为李攀龙母亲作悼词。

张佳胤《与李于鳞》："不谓往秋移我魏镇，适于鳞起为汴台，使得报喜，非以微名故也。寻抵魏，于鳞先免丧去矣。任后，即谋使者，去冬以戍边，今春以迎送各院使君。……仆代元美事，可谓奇。顷又见元美乞骸疏，恐不得遂初衣。……澶渊望齐鲁甚近，谨遣使将奉束刍往奠太夫人之灵。"（《居集》卷五十二，第 597 页）

案：信中所言王世贞乞骸，指王世贞曾在隆庆三年（1569）冬季于浙江按察使任上接到任职山西按察使的诏书，因染疾，于隆庆四年（1570）二月上书乞休之事，其"恐不得遂初衣"，是王世贞尚未得到乞休的结果，参见下条注。因此，张佳胤写给李攀龙的此封信，定在此年二三月间。

张佳胤《寄奠济南李太夫人文》："伊余后生，长君之友。慈训梱仪，薰被斯久。母今逝矣，杯棬犹在，告以兹文，恸裂五内，呜呼哀哉！"（《居集》卷六十二，第 704 页）

春天，在河北大名。黎民表出使云中（今山西大同），路过河北大名，并访张佳胤，同游恒山。

张佳胤《黎惟敬户部使云中，遂登恒岳》："司农诗句柏梁工，倚马才夸出塞雄。醉绾长缨无老上，夜驱飞鞚向云中。"（《居集》卷十六，第 237 页）

张佳胤《黎惟敬游北岳归，访余漳水上》："乘传春从紫塞回，应门

忽报使车来。相留酒色同漳水，作供山光借魏台。"（《居集》卷十六，第 237 页）

张佳胤《与归太仆熙甫》："适南海黎瑶石访仆大名。"（《居集》卷五十二，第 598 页）

黎民表《肖甫送至天雄故城，因观宋大观五礼碑同赋》："风吹古城势欲倒，征车北指燕山道。道傍穹碑十丈余，雨剥霜风卧青草。我行拂拭开尘沙，良工独苦咸咨嗟。婉丽似出虞秘监，廓落正类颜琅琊。金薤离披立蛟鹄，赤手欲掣生龙蛇。谁其能此宋令主，千载重操黑帝矩。宫中才人捧砚立，殿前常侍登床取。白麻宣诏赐天雄，署衔纸尾纷华虫。雕镌琬琰勒黄绢，典雅尚有承平风。可惜龟螭半班剥，牧童烧焚牛砺角。铜仙何日去咸阳，花石无踪寻艮岳。停骖啜古不胜悲，况是邮亭把手时。关门令尹逢迎处，更说羊公曾过之。"（《瑶石山人稿》卷四，第 41 页）

案："五礼碑"现仍保存于河北邯郸市大名县城东石刻博物馆内。原是唐碑，为著名书法家柳公权奉唐文宗之命为魏博节度使何进滔撰写的德政碑，立于唐开成五年（840）。北宋大观二年（1108），宋徽宗修编《五礼新仪》，诏谕大名府尹梁子美为《五礼新仪》立碑刻记。梁子美为讨好皇上，毁何进滔德政碑，以其石改刻《五礼新仪》。

在大名任上时，得许虢田的讣告。许虢田卒于隆庆四年（1570）六月。

张佳胤《中顺大夫云南广西府知府虢田许公墓志铭》："隆庆四年六月某日，中顺大夫云南广西府知府虢田许公卒于家。越明年正月某日，启屈夫人之兆合葬于某处。先是讣至大名，其友人某为位哭，办絮酒束刍为文往奠之。"（《居集》卷四十三，第 488 页）

许佲，字令夫，号虢田，河南灵宝人，补荫学官，官至云南广西知府。

张佳胤《许虢田太守挽诗四首》"长生不易得，百岁岂云迟。一往君何意，千行泪自垂。雄心杯可托，华发镜相知。独谢中郎笔，惭书有道碑。"（《居集》卷八，第 154 页）

八月二十日，李攀龙卒。张佳胤为诗哀之，时在河北大名。

殷士儋《嘉议大夫河南按察使李公墓志铭》："太恭人卒，于鳞持丧归，甚毁。及小祥而渐平，无何，暴疾，再日而绝，岁庚午八月二十日也，年五十有七。"（殷士儋《金舆山房集》卷十，第784页）

张佳胤《大名署中濮阳李伯承以于鳞之讣来告，作诗四首哭之》之一："案头新报崤湖诗，濮上之音事可疑。久解谪仙终厌俗，溘然捐馆遂骑箕。生来语出千人废，死后名从四海知。双目如君堪自瞑，伤哉泉路尽交期。"（《居集》卷十七，第247页）

张佳胤《寄济南李千里秀才》："仆自左官后踯躅瘴疠之乡者数年，遂与先大夫（指李攀龙）闻问疏阔。已而代元美为大名，始得起居。无何，而濮阳李伯承以先大夫之讣来告，不觉痛之次于心也。闻讣不旬日，又徙我天山之下玉关，万里何从一诔先大夫之枢耶？之官东吴，每得会王氏二龙，时作竹林之悲，正欲托便，相闻适袁学宪行，乃具不腆少代生刍之意，并挽诗四首昔所为者，烦千里陈于先大夫之灵，而歌鄙言以闻于地下。"（《居集》卷五十三，第618页）

秋季，得到王世贞按察山西，抵达太原之音信。

张佳胤《闻王元美已抵太原却寄》："使院重开五鹿墟，人言王后定何如？大行车马驱秋色，晋国风云到客裾。载笔与谁歌出塞，筹边有意取休屠。漳河落自并门外，数月难求尺素书。"（《居集》卷十六，第239页）

七月十五日，王世贞抵达山西，十六日履任。

王世贞《适晋纪行》："以七夕故止宿，初八日五鼓发宁郭驿。……初九日黎明冒雨发道，……十三日巳刻稍晴，会行李亦至，乃发。……十四日五鼓，复微雨，已饭盘陀驿山，自是尽见平土矣。……十五日四鼓发至城门，……至太原……十六日履任。"（《弇四》卷七十八，第300页）

张佳胤在河北大名时，董子才曾来访，但未遇。

张佳胤《寄董子才董代余山西宪长》自注"董曾访余魏郡，不遇。"（《居集》卷十七，第249页）

《大明穆宗庄皇帝实录》卷六十三"隆庆五年十一月"条："升山西布政使司右参政董世彦为本省按察司按察使。"

十一月，升陕西布政司右参政，改兼佥事，管理粮饷。

《大明穆宗庄皇帝实录》卷五十一"隆庆四年十一月"条："升河南按察司副使张佳胤为陕西布政司右参政改兼佥事，管理粮饷。"

隆庆五年（辛未，1571年），四十五岁

春季，刻版宋代名臣刘安世《尽言集》传世，教化当地土风。

刘安世，字器之，又被尊为元成先生，河北魏人，北宋一代著名谏官。

案：张佳胤曾多年欲收集刘安世遗集，后在河南西亭王朱睦处找到手抄本，如获拱璧。隆庆三年（1569）秋季至大名任上，与友人陆柬数次拜谒大名历史名人、宋代谏官刘安世的祠堂，遍寻其遗集、语录、行录，并于隆庆四年（1570）年底赴任山西按察使前，命郡守阳谷王君清戎、云岳朱君司理、龙阳蔡君刻录此集，邀陆柬、石星、张应福作序，今首都图书馆馆藏有张佳胤刻本《尽言集》（见《首都图书馆藏国家珍贵古籍图录》，国家图书馆出版社2013年10月版），刻版完工时间为隆庆五年（1571），《四部丛刊续编》收录其影印本。参见占旭东《〈尽言集〉研究》，2006届华东师范大学硕士论文，第19—20页。

《宋史》卷三百四十五"刘安世"："登进士第，不就选，从学于司马光，咨尽心行己之要。光教之以诚，且令自不妄语始。迁起居舍人兼左司谏，进左谏议大夫。安世仪状魁硕，音吐如钟。……在职累岁，正

色立朝，扶持公道。其面折廷争，或帝盛怒，则执简却立，伺怒稍解，复前抗辞。旁待者远观，蓄缩悚汗，目之曰：'殿上虎'，一时无不敬慑。"［（元）脱脱等撰，《宋史》，中华书局1977年版，第10952页］

陆柬《刻尽言集序》："吾友铜梁张肖甫饬兵大名。大名，宋元城刘先生乡也。肖甫乃刻其《尽言集》，以风示宇内。移书要余序。曩余与肖甫同游大名，数谒先生祠，叹其言不传。其后于京师录斯集于李文达公之裔孙锦衣汧所。诵之，辄扼腕愤叹，热衷而汗颜，愧不能如先生尽言也。乃今肖甫刻之，是宜余序。……肖甫好古崇贤、计世道，乃刻斯集，其有所感也夫！隆庆庚午冬十二月甲寅前进士金华陆柬序。"（刘安世《元成先生尽言集》前序，《四部丛刊续编》第82册）

石星《刻元城先生尽言集序》："去岁，铜梁张泸山公宪副来镇吾郡，亟慕先生，欲标榜以式后进，求先生遗言不可得，博搜之。久乃得其《尽言集》于大梁宗藩西亭处，则大喜。而集仍手抄不便传颂，因命郡守阳谷王君清戎、云岳朱君司理、龙阳蔡君梓之成。会公以文武才擢陕参政，治行有日，犹以序命余曰：'公，先生里中人，公敢言类先生，是序公不得辞。且集湮没二三百载，今始显出，讵谓无待？……集凡三卷，刻之郡署中，隆庆辛未正月吉日赐同进士出身前吏科给事中郡后学石星撰。"（同上）

张应福《刘元城尽言集序》："是集也，庐山张公祖购之四方者累年，一旦于汴中宗藩西亭氏得之，如获拱璧，然时尚抄本也。迨隆庆庚午，公以蜀中巨儒奉命节钺天雄，下车即访元城故里，遂录而锓诸梓，与先生语录、行录并传于世。既成，嘱余叙诸简端。……明隆庆辛未春二月朔，赐进士出身承德兵部职方司主事前行人司行人魏人右川张应福序。"（同上）

《钦定四库全书总目史部二》卷五十五史部十一《诏令奏议类》"《尽言集》十三卷（山东巡抚采进本）"："安世有集二十卷，今未见传本。此集皆其奏札，不知何人所编。前有隆庆辛未石星、张应福《序》，皆云得抄本于西亭王孙家。西亭者，朱睦㮮也。星序称是集凡三卷，而此本实十三卷，与序不合。然证以《永乐大典》所载，一一相符。殆校雠偶疏，'三'字上脱'十'字也。史称安世忠孝正直似司马光，而刚劲则过之。故弹击权贵，尽言不讳，当时有'殿上虎'之称。集中所论诸事，史不具载，颇足以考见时政。"〔（清）永瑢、纪昀等撰《四库全书》第2册，第227页〕

初春，赴任陕西布政司右参政。经河南三门峡市的渑池、灵宝等地，留驻十日，并与当地地主游宴。有《赴甘州任，候凭灵宝者十日。彭东溪、许后谷、许少谷、许双塘、洪霍山、张岳田饯于南郊赋此为别》《贺许双塘膳部生子》《灵宝赠许后谷郡伯公尹清丰有惠政，寻知霍州，即上印绶归》（《居集》卷十六，第241页）等诗。出灵宝，经潼关，有《余赴甘州，潼关逢范晴湖使君，时范亦有贵阳参知之报，遂赋诗为别，兼寄泰溪甘五》（《居集》卷十六，第242页）。

抵任甘州，今甘肃省张掖市。

王世贞《墓志铭》："由陕西右参政抵甘州，整振疲弱，虏不敢窥居延、酒泉。"（《居集》卷六十五，第727页）

春季，在甘肃邠州、会宁、泾川、张掖、武威、酒泉等地行役。

张佳胤《邠州怀古》："塞草逢春暖更迟，梁山回望路堪疑。云横原隰姜嫄迹，树老宫墙亶父祠。"（《居集》卷十七，第243页）邠州，今甘肃宁县。《明一统志》卷三十二《陕西布政司》："姜嫄墓，在邠州城东北一十里，有庙。姜嫄，虞后稷之母。"〔（明）李贤等撰，第819页〕

张佳胤《登回中山谒王母宫》："卧游山海昔穷经，漫说西池事杳冥。春尽客来天欲雨，台高川抱□还泾。"（《居集》卷十七，第243页）

另有《甘州寄王阳德郡守》《武威访胡雅斋文选新居赋赠一首》等，见《居集》卷十七，第243页。

在酒泉时，搜捡出吴国伦的诗卷，怆然赋诗寄怀，时吴国伦已调至高州，见《抵酒泉舍中，捡出明卿大梁诗卷，怆然赋之，时明卿调高州》，《居集》卷十七，第243页。

吴国伦《明吴仲子牧良墓志铭》："戊辰，予被谤攻，知高州。……予守高州三年，壬申迁贵州按察司提学副使。"（《甔甀洞稿》卷三十六，第 145 页）

五月，张佳胤从陕西布政司右参政升为按察使，按察山西。

《明穆宗庄皇帝实录卷》卷五十七"隆庆五年五月"条："辛未，升陕西布政使司右参政张佳胤为按察司按察使，……佳胤山西。"

案：张佳胤从甘肃转至山西，是接替王世贞之职。见张佳胤《与吴明卿提学》言："不佞自粤移魏代元美，自魏移张掖再移晋，又代元美，奇矣。"（《居集》卷五十四，第 619 页）参见隆庆四年条。王世贞在山西任上，听闻母亲病重，上疏告归，时在隆庆四年（1570）十月，见钱大昕《弇州山人年谱》，第 9 页，收录于《嘉定钱大昕全集》。

王世贞《闻母病危乞放归田里疏》："山西等处提刑按察司按察使臣王世贞谨奏。臣于本月二十七日得臣男家书一纸，内称臣母郁，前患脾病复发，肢体肿胀，痰嗽不止，医药鲜效。臣不胜忧骇，即日入见御史饶某，具呈乞休。"（《弇四》卷一百九，第 722 页）

王世贞《墓志铭》："余强起大名，迁山西，皆得公（张佳胤）代，不相及。"（《居集》卷六十五，第 737 页）

初秋，从甘肃赴任山西。曾在甘肃皋兰、陕西永寿、河南灵宝等地留驻，有《余转晋臬，胡选部投赠以文，赋诗谢之》（《居集》卷十七，第 244 页）。

张佳胤《永寿中秋阻雨》："匹马西风指顾间，寒烟红叶度梁山。一年秋向中霄半，万里人从绝域还。"（《居集》卷十七，第 244 页）永寿，在今西安市西北。

在灵宝，阴雨十日未停，遂又与当地地主许双塘等人游宴，有《再入桃林，喜而又作，和徐中翰韵》："乘骢新从玉门来"（《居集》十七，第 244 页）。桃林，河南灵宝别名。

张佳胤《许膳部约余南池之游，为雨阻者十日，偶乘兴出郊，遂有此诗》："野性元称草莽臣，市廛谁不厌风尘。无端淫雨经旬落，到处名园取醉频。山水自能招赋客，泥途难阻好游人。秋郊洗净真如待，几负林塘万象新。"（《居集》卷十七，第245页）

抵任山西的时间，已在重阳节左右。

张佳胤《与曾以三中丞》："弟远处祁连山下，迄秋，陈臬于晋。"（《居集》卷五十四，第620页）

在山西太原、闻喜等一带活动。

张佳胤《简陆舆绳》："已而西窥天山至于太原，则日日矫首东南。"（《居集》卷五十三，第617页）

张佳胤《九日闻喜署中》："去年此日登高处，北岳题诗亦壮哉。道路两秋天地改，风尘双鬓古今哀。客居亦是商飚馆，朋辈谁同戏马台。佳节好酬无一事，萧条岂但菊花杯。"（《居集》卷十七，第246页）闻喜，今山西闻喜县，山西西南部，明代属山西平阳府解州。

十月，收到改升都察院佥都御史巡抚应天（南京）的任命。

王世贞《墓志铭》："山西之未几，而复超拜都察院右佥都御史，提督应天等处军务兼巡抚。"（《居集》卷六十五，第737页）

《明穆宗庄皇帝实录》卷六十二"隆庆五年十月"条："甲寅，升山西按察司按察使张佳胤为都察院佥都御史巡抚应天等处地方，总理粮储，提督军务。"

张佳胤《简陆舆绳》中有言："已而西窥天山至于太原，……顷有幸下江东矣，且署姑苏台矣。"（《居集》卷五十三，第617页）

曾邀请谢榛赴山西来会，因有应天之命，未果。

谢榛《张泸山廉宪晋阳以书见招，因擢南京都宪不果行，赋此寄意》："路出中原惬壮游，试看形胜旧皇州。秣陵山抱连天起，扬子波平

荡日流。亲友寄书通蜀舸，朝廷息战佩吴钩。凤凰台上仍相约，共赋江
南万里秋。"（《四溟集》卷五，第693页）

**冬，张佳胤日夜兼程，西归家乡铜梁，迎养老母沈太恭人一同赴任
应天。**

张佳胤《答刘嵩阳先生》："某自魏徙天山之下，已而移晋，席未
暖，遂有江南之命。兼程西归，迎养慈亲。"（《居集》卷五十二，第
603页）

岁末，回家途中，经过阆中看望同年好友陈宗虞。

张佳胤《别陈于韶》："元龙湖海气成虹，岁晚相逢感慨中。畏路向
人双眼过，愁心随我大江东。"（《居集》卷十七，第246页）

**归家途中，张佳胤曾至湖北江陵（荆州）准备拜见曾三甫，仅怀刺
高门，未得谋面，即从江陵返归铜梁家中，参见隆庆六年条。**

冬，居家，游家乡的寿隆禅寺。

张佳胤《重修寿隆禅寺并藏经记》："隆庆辛未冬，余迎养母沈太恭
人，过里，而游其中。"（《居集》卷三十八，第443页）

（清）韩清桂等修，陈昌等撰《光绪铜梁县志》卷二"寺观"："寿
隆寺，县北郭外。创自宋乾德初，明正德十三年（1518）重修。国朝康
熙元年（1662）补修，二十八年（1689）增建山门。明邑人段威武、陈
恬、张佳允均有碑记。咸丰十年（1860），蓝逆围城，庙被毁。同治间修
复正殿，然规模非旧矣。"

隆庆六年（壬申，1572年），四十六岁

闰二月，在铜梁里居仅十日，即携母赴任应天。

张佳胤《与曾以三中丞》："弟远处祁连山下，迄秋陈臬于晋，席未

暖江南命下矣。弟以慈亲越在田里间，八年于外，省觐未遂，遂兼程西至江陵登陆，过郢都，仅能怀刺高门而返，向里中仅十日，即奉版舆，共舟东下，以闰月代事。"（《居集》卷五十四，第620页）

家乡友人送别。

张佳胤《余抚江南，向子玉、敔子学送至峡中赋别》："片帆东去万峰迎，春色偏宜鼓枻行。把酒未终榆社会，对君愁听峡猿声。思家见月那无赋，到处停云觉有情。最是双鱼容易遣，长江直下秣陵城。"（《居集》卷十七，第246页）。"秣陵"，即南京，张佳胤赴任之所。

案：向子玉、敔子学，二人不详。张佳胤《居来山房集》中有若干首与敔子学及家乡友人游玩唱和诗，如《与敔山人、冷文学晚集伯兄南庄泛舟得先字》（《居集》卷八，第158页），诗中"伯兄"是张佳胤兄长张宗胤；《寄敔子学二首》："山人久不见，别后赋如何。"（《居集》卷五，第126页）；《同敔子学夜集邢良登得声字》（《居集》卷十二，第192页）。可知，敔子学，应该是隐居铜梁，以农樵为生的读书人。

至九江而闻安徽安庆兵变，绕道潜山、桐城抵达南京。遂上疏请治叛军，不及诏命下，张佳胤恐生他变，先行收治叛军。

张佳胤《简陆舆绳》："以二月皖城兵变，不佞疏入，天子震怒，遣执金吾收三四武臣，而以诸恶卒责不佞擒治。幸疏行后，不佞先收群党矣。不则岂仓卒可辨，及生他不测矣。"（《居集》卷五十三，第617页）

刘黄裳《行状》："（张佳胤）由山西按察使就道巡抚应天，至九江闻安庆军变。盖大府核占役道故也，道不为通。公夜抵潜山，属九江兵备张公岳，先谕以开府至，由桐城趣金陵，受代。乃上疏曰：'臣不佞将入安庆境上，军吏作变，倡乱之辈由指挥马负图首讧，忿鸷张志学擅发军胄，张承祖诈调屯军，各阴使舍人纠集鼓噪竖旗入府，以挟金糈，吴锡等二十人江洋贼党法不可赦。'疏行，召太守先擒渠魁，宽协从以待命。诏逮诸军史械系入京，吴锡等属公斩焉。……若公少留于潜山，不即疏其事，或缓收君首，则洋贼昌而噪诸皖矣。"（《居集》卷六十五，

第 727 页）

《大明穆宗庄皇帝实录》卷之六十八"隆庆六年三月"条："安庆官军乱，诏械指挥张志学等至京鞫治。先是志学与知府查志隆有怨，至是以支放军粮事愈恨之。遂与指挥马负图、张承祖率舍余马应举等及家奴屯卒四百余人，闭城大噪，围府舍，欲杀志隆等。守备杨遇春不为禁，百姓汹汹。越三日稍稍角□羊散。南京兵部尚书王之诰等以闻，乃遣官校逮志学等，而赦屯军胁从者。已而南京守备太监张宏言志隆稽误月粮，激变军士，又擅离职守，潜入南京亦乞速究以彰国法，上乃命锦衣卫并逮志隆于京师讯之。"

张佳胤此次巡抚应天，所管辖地域包括应天、太平、池州、徽州、宁国、安庆、广德、松江、苏州、常州、镇江十府一州。应天为主要巡抚驻地，各府地另有行台。参见范金民《明天应天巡抚驻地考》，《江海学刊》2012 年 4 期。

据范金民《明代应天巡抚驻地考》，明代自"嘉靖三十三年起，应天巡抚虽兼提督军务，但只在'海汛'时驾临苏州督理军务，平时则仍在南京总理粮储等事，苏州处事之所仍称行台。"（《江海学刊》2012 年第 4 期，第 19 页）

张佳胤任应天巡抚期间，本应以南京为主要驻地，但因春天时需防守海汛及戡定安庆兵变，则常穿梭于苏州行台和安徽池阳等地。

张佳胤《上翁侍郎》："吴门僻在东隅，殊非适中之地。先因海移镇兹土，遂将西郡置之若弃。而文武诸吏亦不知有巡抚矣。近疏请复兵备一员，而还九江、金衢两道于该省，亦荷俞兄移镇事已咨请兵部，赖大司马杨公据题，仍回南院。每至春汛，如期防守，先因炎暑，且会计秋粮在迩，遂延至今，若自陈幸免，拟九月移留都矣。"（《居集》卷五十三，第 605 页）

春天，在苏州，王世贞听闻张佳胤至苏州，欣喜之余，赋诗二首。

王世贞《喜肖甫中丞开府吴中》二首其一："熙朝词客见骞腾，晋国扶风尔代兴。一节尽监诸校尉，两年超拜大中丞。清霜吐豸来开府，紫气成龙拱孝陵。见说平吴应入相，只今雄剑已堪凭。"（《弇四》卷四十一，第522页）

三月，甫入吴不及一月，王世贞兄弟来苏州行台探访张佳胤，并有吴门十日之约。这次相见是两人嘉靖三十四年北京燕台诗社之后的第一次相见。时王世贞兄弟丁母忧，家中里居。

张佳胤《与吴明卿提学》："属者江南之役又在元美宇下，岂不益奇。不佞仲春始入吴奉版舆，舍中喜慈亲良食。每会元美弟兄，念明卿未尝去口。"（《居集》卷五十四，第619页）

张佳胤《与汪伯玉侍郎》："入吴甫月，王元美兄弟来会，时时口明公（汪伯玉）不置，且言车骑还朝，约为吴门十日之饮。不佞当粪除其室，伏候道左。"（《居集》卷五十三，第621页）

张佳胤《简陆舆绳》："不佞来地方冉冉几一月，……七日前元美二龙视不佞。"（《居集》卷五十三，第617页）

张佳胤《谢王敬美弟兄过访》："扁舟东发太湖阴，坐久惟闻吴会吟。伯仲之间交自昔，风波一失到于今。何来紫气双双起，不分春云处处深。怖尔独醒吾已醉，青天始见故人心。"（《居集》卷十七，第248页）

张佳胤《王元美访余姑苏并订小淇园之约》："若道浮生是转蓬，如何又对馆娃宫。驱驰七子吾从后，叱咤千人尔自雄。华发渐遂天地老，青春谁愿酒杯空。竹林更拟淇园会，江左重开晋代风。"（《居集》卷十七，第248页）

案：小祇园，是王世贞私家园林，后改称弇园。张佳胤诗中所言"小淇园"当是误写，即王世贞小祇园。王世贞《贺光州录顾翁七十序》："于是顾翁乃游王子小祇园，园故有山池延袤数十亩，上下曲折可二里许。"（《弇四》卷六十一，第89页）

王世懋《肖甫中丞至吴，先书期会，喜而赋此》："飞檄春自阊阊城，为报中丞已抗旌。千骑东方使君色，双鱼南国故人情。衣裳趋府从颠倒，儿女应门解笑迎。试扫柴荆浣溪上，元戎小队几回行。"（《王奉常集》卷九，第 124 页）

　　春天，入吴后，张佳胤即赴安徽处置兵变，往返江郡，竭尽心力，五月二十七日始返回苏州，与王世贞的"吴门十日"之约，因江警暂停。而张佳胤并因不习江南水土，抱病弥月。初泻病发作，紧接着二十年的痔疮复发。与王世贞再约秋日之会。

　　张佳胤《与茅鹿门》："不谓江左重寄，误及匪人。……皖城军变，往来江上，擒案诸囚，五月廿七日始返于吴。"（《居集》卷五十四，第623 页）

　　张佳胤《启刘嵩阳先生》："往返江郡，处置反侧。并奉命擒捕叛卒，……竭尽心力。阅两月，而刑书始闻，六月始返姑苏。缘惯习西北水土，一行渡江，便觉卑湿，病者弥月。"（《居集》卷五十二，第603 页）

　　张佳胤《上翁侍郎》："今春代事地方，继因皖军告变，往返江郡，安戢反侧者数月，中夏始还姑苏。……缘连年服习西北之气，一行渡江，便觉卑湿，抱病弥月。"（《居集》卷五十二，第605 页）

　　张佳胤《与陈宪卿》："早春入吴，而夏杪始还。"（《居集》卷五十三，第612 页）

　　王世贞《肖甫中丞许为小祇园之会，后以江警暂停，贻诗再订，敬成一章促之》："见说前茅向海濆，真人紫气已氤氲。千崕欲鼓风云色，百草希垂雨露文。总为虞人难却负，那能内史不相闻。竹林名士元成七，莫遣延之咏五君。"（《弇四》卷四十一，第523 页）

　　王世贞《复肖甫》："昨奉谒不能操豚肩、斗酒一伸州民之敬，而开府忘分循旧，尽倾家酿。……承有东巡耗，且夕扫小祇园以待，忽拜手札，知且为皖城之行。不唯此间泉石色阻，公所留邢州小槽真珠能无喷喷望御耶？此段或一月可竣，尚不孤竹马公。"（《弇四》卷一百二十，第41 页）

张佳胤《与王元美敬美》："案罪皖郡，吏议屡更。留滞江城，蹉跎日月。比归，适绣衣使者至，酬酢甫定，海上材官以汛毕来告。遂无因缘兴言东迈。闻二兄大治山亭，胜掩金谷，粪除三径，供具百壶。岂惟足下切故人之思，在地主尤当乘山阴之兴，不谓人事巧违，大庋初愿。……弟自归署中，初病泻，已又病疮，比岁服习北土，一行渡江，便觉卑湿，近多闭门，赤脚不履，东望海天，二龙在下，情其奈何？……计在服除后，与二兄为布衣之饮，于时名园秋色较炎伏何如也？别制奠轴，初拟临哭伯母灵前。顾日月渐远，似属无礼，乃介使将具不腆先代奠私，俟行贵郡，更炙鸡束刍，尽通家子意也。"（《居集》卷五十四，第 624 页）

案：王世贞母亲郁氏过世于隆庆四年（1570）秋。王世懋《请赐移封书》："隆庆二年内起用，……臣于四年养病回籍，遂丁母忧。"（《王奉常集》文部卷二十七，第 481 页）王世贞《亡弟中顺大夫太常寺少卿敬美行状》："太恭人苦沈痾于家，不穀时迁山西按察使，上疏乞扶侍，不报，会太恭人疾良己，始出之任，至秋而复发。不穀移文两台，不待请而行至泽州，得讣，昼夜驰，而弟上书以病予告，至池河始得讣。"（《弇续》卷一百四十，第 52 页）参见隆庆四年条。

三月，吴国伦在高州三年任满，调任贵州提学副使。张佳胤在安徽池州行役时，得吴国伦写自家乡武昌的书信，时吴国伦已从高州先回武昌，并寄来墨本和诗集，言倦游已甚，计在秋中时节赴任贵州。

张佳胤《与吴明卿提学》："不佞仲春始入吴，……忽得贵阳之报，弹冠而庆。……得明卿典文学之职，此当与王气也。不佞视事，会皖城告变，时问罪于皖，行经池阳，方听昼锦音耗。谋及尺素，忽报使者在户外。……所寄墨本乐府甚精绝，岂非穷而后工。"（《居集》卷五十四，第 619 页）

吴国伦《报张肖甫中丞书》："见寄六章，真情实境，意象俱妙。江东开府，今昔异宜，……弟意倦游已甚，……计在秋中西发。"（《甔甀洞稿》卷五十，第 298 页）

张佳胤《闻明卿转贵州督学》："一官稍拜外台臣，岭表弹冠气象新。主爵元非忘郡吏，传经终是到词人。莫因丛棘卑栖凤，且借余波起涸鳞。南极文星今作使，携来好照五溪滨。"（《居集》卷十七，第249页）

吴国伦在隆庆六年（1572）春季迁为贵州按察司提学副使，《明吴仲子牧良墓志铭》："壬申，迁贵州按察司提学副使。"（《甔甀洞稿》卷三十六，第145页）吴国伦《予自岭南归，至黄龙江口会汪伯玉司马、顾季狂山人，并发鄂城，先后适至。盖万里不期之遇也，促饮舟中，达曙而别，为赋二诗纪之，时隆庆壬申四月十八日》（《甔甀洞稿》卷二十四，第17页），可知吴国伦迁任贵州在此年春天。

春末，在苏州行台，张卤招饮，因赴约。时张佳胤在苏州行台巡按海防之务。

张卤《崛峡中丞金陵履任后，及如姑苏，因相邀院馆，夜集席上，偶成二首》之一："江上相逢及早春，建牙开府正相邻。百年意气浑同调，四海交游更几人？诗自岷峨传派远，酒从酪酊见情真。羞谈李杜齐名话，但与雷陈作后身。"（《浒东先生文集》卷四，第343页）

张佳胤亦有和作《春夕张浒东中丞招饮使院中，赠诗二首，因和来韵答之，余时有防海之役》："南国相逢江上春，霜台高与凤凰临。二张名并应惭我，三晋交深自故人。久矣论心疲夜色，果然嗜酒见天真。风尘友道看如此，不叹支离万里身。"（《居集》卷十七，第250页）

案：张卤，"字召和，仪封人。嘉靖己未（三十八年，1559）进士，历官右副都御史，巡抚真定。改大理寺卿，调南京太常寺卿。"（朱彝尊《明诗综》卷四十九，第201页）。张佳胤与张卤的交情参见万历七年张佳胤在上谷时条注。

张卤在"辛未（隆庆五年）升右通政，旋拜南京都察院佥都御史，提督操江，巡抚浙江"，也参与了处置安庆兵变，见（清）纪黄中等纂修《仪封县志》卷十"人物志"《勋业》第466页。王安仁《浒东先生文集前序》："（张卤）定安庆之反侧，歼妖贼之首孽。"（《浒东先生文

集》，第305页）

夏，王世贞《艺苑卮言》刻集成，嘱张佳胤为之作序。

张佳胤《寄济南李千里秀才》："之官东吴，每得会王氏二龙，……元美刻集成，而属余序，尚未就，俟完而付之梓。"（《居集》卷五十三，第618页）

王世贞《艺苑卮言一》："余始有所评骘于文章家，曰艺苑卮言者，成自戊午耳。然自戊午而岁稍益之，以至乙丑，而始脱稿。里中子不善秘，梓而行之，后得于鳞所，与殿卿书云姑苏梁生出卮言以示，大较俊语辨博，未敢大尽，英雄欺人，所评当代诸家语如鼓吹，堪以捧腹矣。彼岂遂以董狐之笔过责余，而谓有所阿隐耶？余所名者卮言耳，不必白简也，而友人之贤者书来见规，曰：'以足下资在孔门，当备颜闵科，奈何不作盛德事，而方人若端木哉？'余愧不能答已。而游往中二三君子以余称许之不至也，恚而私訾之未已，则请绝问讯，削名籍，余又愧不能答。嗟夫！即其人幸而及余之不明，而以拙收；不幸而亦及余之不明，而以美遗。余不明时时有之，然乌可以恚訾力迫而夺也？大以余之不长誉仅尔，而尚无当于于鳞，令余而遂当于鳞，其见恚宁止二三君子哉？……盖又八年，而前后所增益又二卷。黜其论词曲者，附它录为别卷，聊以备诸集中。壬申夏日记。"（《弇四》卷一百四十四"说部"，第342页）

收到茅坤两封书札，张佳胤复信并附诗一首，拟巡按地方期间拜访茅坤。

张佳胤《寄答茅鹿门》："自失风波宦海分，每从南斗望星文。偶逢人作天雄语，别去秋高震泽云。黄石曾怜张孺子，青山空老大茅君。盈盈一水连吴越，犹借双鱼次第闻。"（《居集》卷十七，第250页）

张佳胤《与茅鹿门》："会皖城军变，往来江上，擒案诸囚，五月廿七日始返于吴。方抱湿病。忽承使者将奉前后二札书币种种。……询道里，徽宁竣事，当出广德，经吴兴折而松江等地，则匍匐门墙，似有期

矣。"(《居集》卷五十四，第 623 页)

张佳胤近二十年的痔疮，在盱眙簿邹君的疗治后得以根除。

张佳胤《余病痔垂二十年所，比抚吴，作楚且甚。闻盱眙簿邹君受异人术，延治之，果瘳，乃捐俸为谢。簿顿首固辞，而愿得余诗。簿倜傥有物外意，余亦屡章乞骸骨，旦夕为岷峨老矣，遂走笔为长言贻之》："南游金陵更作苦，痒医忽得盱眙簿"等语。(《居集》卷四，第 107 页)

抚吴期间，居止无常，或金陵，或姑苏。

张佳胤《南都四川乡会条议题词》："隆万之际，不肖抚吴，或金陵，或姑苏，无常止。"(《居集》卷五十，第 569 页)

吴国伦《闻肖甫中丞自吴下移镇金陵，遥有此寄》："二卿戈船一羽收，金陵王气五云留。山蟠龙虎天兵合，路扼梯航帝宠优。白简先从吴地按，绛绡如在洛中游。燕矶牛渚风流过，安得同君一泛舟。"(《甔甀洞稿》卷二十四，第 18 页)

与镇江盛时泰交。

朱彝尊《明诗综》卷六十八"盛时泰二首"："张肖甫开御史台于句容，仲交醉挝戟门之鼓。肖甫曰：'安得此狂生？必盛仲交也。'邀入，复饮达旦，乃别。万历初元，以陪贡试吴下，肖甫谓曰：'子过姑苏，宜一谒王元美。'遂携所著两都赋谒元美于小祇园。元美赠之诗曰：'遂令陆平原不敢赋三都。'又三日之内，遍和元美拟古诗七十章，元美为之气夺云。"(第 568 页)

"盛时泰，字仲交，江宁人，岁贡生。才气横溢，舐笔伸纸，滚滚不休。尝携所著《两都赋》谒王世贞，和其拟古七十章，三日而就，世贞为气夺。"〔(清)赵弘恩等监修，黄之隽等编纂《江南通志》卷一百六十五《人物志》"文苑一""江苏二府"，第 720 页〕

五月，明穆宗朱载垕薨。六月，神宗皇帝朱翊钧继位。

《明史》卷二十"神宗一"条："六年五月，穆宗崩。六月乙卯朔，日有食之。甲子，即皇帝位。以明年为万历元年，诏赦天下。"
（第261页）

夏，曾省吾以右佥都御史巡抚四川。曾醒吾父亲曾璠致仕，张佳胤有祝寿。

《大明穆宗庄皇帝实录卷之六十九》"隆庆六年四月"条："升太仆寺少卿曾省吾为都察院右佥都御史巡抚四川。"

张佳胤《与曾以三中丞》："已而得明公开府之报，令人盱衡蹈足，喜不自支。……弟时行部池阳，案皖罪人。"（《居集》卷五十四，第620页）

张佳胤《送曾三甫中丞巡抚四川二首》："天王西顾一畴咨，九寺名卿众所推。建节分明临白帝，登台清切俨南司。汉江龙抱星辰剑，急峡风生虎豹旗。多少刀州作梦者，独君堪续武侯碑。"（《居集》卷十七，第248页）

李维桢《赠中丞曾公序》："今年夏，郢人曾以三由太仆拜御史中丞，抚蜀。"（李维桢《大沁山房集》卷四十五，第443页）

张佳胤《与曾以三中丞》："阳翁伯丈何为拂衣？又念社稷之业，明公可托，翁伯即优游帝里，葆颐天和，令明公毕志竹帛，是一道也。"（《居集》卷五十四，第620页）

张佳胤《郢中曾阳白少参致仕，寄诗附之》："五噫歌发出秦关，天外冥鸿未可攀。归去紫云从岳掌，携来芝草自商颜。阳春最苦千人和，杖履曾游四皓间。有子中丞新彩服，高堂日日咏南山。"（《居集》卷十七，第248页）

曾璠，字子玉，曾省吾之父，嘉靖四十一年（1562）壬戌科进士。初为刑部主事，后擢陕西布政使参议，因其子曾省吾在朝中为官，曾璠主动回避，于隆庆六年（1572）致仕。李维桢有《参藩曾公致政叙》详述其由，见李维桢《大沁山房集》卷五十二，第589页。

徐中行于隆庆四年（1570）八月调任云南布政司左参议，于隆庆六

年（1572）八月入贺登基之礼。八月初，曾在武昌与正赴任贵州的吴国伦相遇。

徐中行《明故通奉大夫江西左布政使天目徐公行状》："庚午，擢云南左参议部使者，……今上登极，公入贺。"（《天目先生集》卷二十一，第824页）

吴国伦《报元美书》："八月初，遇子舆武昌，饮十日夜未厌而别。……暨停鞭贵筑，则重阳后二日也。贵（贵州）虽鬼方，风气殊不甚陋。"（《甔甀洞稿》卷五十一，第303页）

八月，张佳胤曾经在江东与徐中行有会面。

张佳胤《报子舆》："江东别后，时时望车马之音。驿臣窥不佞与足下厚善，数日前传遽来报宪牒，即介使持状伏候江淮，令津吏操柁以待。……忽承使者奉翰贶至，则知足下此行徒望国门而返，及读登临二诗奇甚，当与海岱相雄长，更复纵观阙里山川礼乐，鼓箧而收，足下斯游而岂徒哉！不佞拟来月仲季之交治赋太仓，足下亦如期而会，勿令四子参差也。……元美起家之命旦夕可俟。"（《居集》五十四，第624页）

吴国伦《报张肖甫中丞书》："恨往岁病足里中，时不能鼓枻访足下，一醉采石江上耳。元美、子舆、助甫与刘光禄则何缘哉！白下、吴中山水奇胜，计以小队遍历，收之青囊。……稍闻故宰为足下地甚力，而相君雅子相知，端冕入朝，为吾道增重，其在旦夕乎？"（《甔甀洞稿》卷五十，第300页）

案：吴国伦此信中所指张九一曾在万历元年（1573）在苏州与王世贞游，虽然张佳胤、张九一集中未收录二人此时会面的诗文，但是从吴国伦此信中判断，二人会面的可能性很大。另，刘光禄曾在万历元年（1573）在采石矶江上送别王世贞时，曾与张佳胤等人会面，参见万历元年注。因此可判断，张佳胤与徐中行当在本年亦有过会面。

徐中行因北京入贺不顺，徒望国门而归。回返途中，与张佳胤并有书信往来，二人相约再次相会于太仓。张佳胤因为公务错过了与徐中行

这次见面的机会。

　　案：徐中行返回途中是否与张佳胤见面，研究者多认为未能。如杨晓炜硕士论文《徐中行年谱》（第87页），只提到了王世贞兄弟二人在苏州胥门邂逅徐子与，相聚畅饮，并有诗相和。冯雁雯论文《张佳胤年谱》（第40页）"本欲与徐中行一见，未果。"徐中行九月在苏州停留有三日，期间不仅与王世贞兄弟相会，还有俞允文及一些当地文人雅客，来往宾客递至，达四、五起。而张佳胤在九月移镇太仓，并在重阳节前后访问过王世贞。归家后徐中行寄给张佳胤的书信《奉张肖甫中丞》："顷行后，计尊严便当勿药，然心犹悬悬未解也。"张佳胤母亲身体欠佳，徐中行犹牵挂于心。"如吾二三兄弟把臂道故为愉快也，苏台三日，不啻千秋矣。"二人似乎在苏州有过相聚。信中虽未谈及与张佳胤相见之事，也未谈及未相见之事。另外，徐中行在苏州时，与王世贞、俞允文等人都有交集以及诗作往来，但其中都没有提到有张佳胤参与。虽然有往来书信未能收录文集的可能，但是没有明显的资料可以证明二人见面。依疑者不信之理，姑认为张佳胤因吏事缠身，会面乖违。

　　徐中行《奉张肖甫中丞》："顷行后，计尊严便当勿药，然心犹悬悬未解也，今得手教释然矣。不佞二十五日抵舍，万里生还，亲戚朋友慰藉劳苦，非不欣然，顾安得如吾二三兄弟把臂道故为愉快也。苏台三日，不啻千秋矣。二日节钺且西，自金焦以上钟阜诸山，方延颈宠灵，吾丈挥洒之余，金陵纸价当自此贵也。第不佞不获执鞭珥相从为恨耳。王江州腆觎柴桑令，酒价当复有余。至承不忘于肺腑云云，为吾党张帜堂堂矣，即鲍叔何论焉？非吾党兄弟又安得至此？宾履递至，凡四五起，始具牍，竟令诠次，新愈千万为道珍爱，不胜恳恳。"（《天目先生集》卷二十，第804页）

　　案：徐中行此信中"计尊严便当勿药"，当指张佳胤母亲因衰病而吃药的事情，参见本年注。"今得手教释然矣"，当是徐中行得张佳胤书信后的回信，张信中尝言及母亲衰病服药之事。查张佳胤《居集》与徐中行书信往来，此信当未能收录进集中。

九月，徐中行在胥门（苏州的西门）与王世贞兄弟、俞允文等人相会三日，方回家乡浙江长兴，并于十一月升福建按察副使。

俞允文《天目徐公诔并序》："曩者首夏公还京师，契阔既久，枉櫂东来，元美亦集，置酒河湄，流连信宿，以副饥渴。余时睹公沉湎冥为，愿保精粹，黄发为期，公笑缓答，行当佩之。曷来四书，并审安愫。……连得后信，公果长乖。胡疾之亟，卒使不治？"（徐中行《天目先生集》附录卷二十一，第 825 页）

王世贞《归自胥门，会子舆自滇南入贺有赠》："初闻单舫驻官河，喜极翻惊泪眼沱。名士风流垂欲尽，故人星聚拟如何。萧然短鬓争秋白，少选衰颜入夜酡。六诏天留双剑合，五湖人借片帆过。吾安雁序联耕末，尔道龙标有荷戈。汉典可仍金马祀，夷荒曾嗣白狼歌。宠王恩数新当减，司隶威仪旧不它。太华也应莲掌色，昆明亦否石鲸波。先朝玉帛嵩呼盛，今代衣冠禹贡多。三事旧游如见及，第言樗朽合烟萝。"诗中自注："君以贺万寿入，改贺登极。"（《弇四》卷四十四，第 563 页）

徐中行《归过吴门，会元美、敬美、仲蔚、孔嘉、淳父、公瑕、鲁望、叔载、幼于载酒舟中四首》，《天目先生集》卷四，第 643 页。

俞允文《送徐按察子舆》四首之一："高宴日相催，逢君万里来。欢娱结离思，歌罢促残杯。别路月初上，孤城夜半开。独怜相送出，携手复徘徊。"之四："此日闽中去，休嗟行路频。莺啼深树晓，花发乱山春。公望朝天□，军容海上新。和门应罢警，荒憬自来宾。"（《俞仲蔚先生集》卷五，第 665 页）

重阳节前，张佳胤一叶扁舟赴太仓访王世贞，并携诗文若干卷，王世贞为之作《张肖甫集序》。

张佳胤《八日舟次太仓，柬元美、敬美》："风雨因君泛客槎，兹游岂但为黄花。平生海上双龙剑，此日云间二陆家。宾主高秋还气色，园林修竹想交加。重阳况近他乡节，落帽先愁似孟嘉。"（《居集》卷十七，第 250 页）

王世贞《肖甫中丞拟八月见过，近九日始达吾州，贻诗有黄花孟嘉句，聊此奉和》："八月遥闻使者来，过期霜色近寒花。自云卤簿江州守，偏识柴桑处士家。旧事数从杯底得，壮心时傍句中加。君知布帽应难堕，莫以风流嗣孟嘉。"（《弇四》卷四十一，第524页）

王世贞《张肖甫集序》："迨不佞庐居，而肖甫以御史中丞来抚吾吴矣。一再过从，修布衣饮，欢甚。而间出所著诗文若干卷以示曰：'子以为奚若？'不佞受而读之，而后乃悉肖甫也。夫文章之与吏道，其究若霄壤然。然其精内通而无所不容者，物情也。故辞士之为辞，以所见无非辞者，必欲求高吾思，远出于物情之表而后快。法吏之为法，以所见无非法者，颠倒束缚于三尺之末，而不能求精于物情之变而后安，彼无论其不相通而已，其所以为辞者偏，而所为法者拘也。故举尹翁归朱博辈而授之管，知其无当于语，千里之竹，百吏之牒，以授嵇阮李孟诸公，恐亦未暇辨也。度肖甫宦迹满天下，所至赫赫，声流吏民间，然其大指不为法困，以物情有当足矣。其游迹满天下，山川土风，眺览酬应，日接于吾前，而日应之，语法而文，声法而诗，春容而大，寂寥而小，虽所探适结构者不一，然大要不欲出物情之表而后快也。境有所未至，则务伸吾意以合境；调有所未安，则宁屈吾才以就调。是故肖甫之才，恒有余而意无所不尽，为其剂量，吾党之间能去太甚，而独称通明士者，固不特文章已也。肖甫家铜梁，为蜀人，蜀挟岷峨之秀，汇为大江，以故多文章知名若司马长卿、扬雄、王褒其人，然于政术寥寥焉。彼岂亦求高其思于物情之表者耶？今缙绅大夫称公卿之业，则无如西京，而其于文章亦不能无推西京。肖甫甫盛未艾，所以益究二端之际，以不朽后世者。不佞固为日待也，因稍为论叙之云尔。"（《弇四》卷六十八，第173页）

约在是年，张佳胤在王世贞处得到王世贞为卢楠所出版的集子，但又不是全本。王世贞曾在嘉靖四十三、四年间为卢楠出版过作品集，（《浚县志》卷20，第1049页），并参考本书作者发表的论文《张佳胤出版卢楠〈蟻蟓集〉始末考》，《文学与文化》2017年第1期。

南京，从姚叙卿处得到卢楠的邺都旧本。参见万历元年条下注。

是年，序高启愚（敏甫）所作的《铜梁县志》，是受知县杜凌云的委托。

张佳胤《铜梁县志序》："隆庆辛未，高太史敏甫块处山中，台司诸使者檄杜侯而请卒业于太史。越明年壬申书成，介使姑苏台中，属不佞叙之。"（《居集》卷三十四，第410页）

《光绪铜梁县志》"人物志上""名贤"："高启愚，字敏甫，懋子。嘉靖乙丑赐进士第三人及第，授翰林院编修，累官国子祭酒、翰林院侍读学士、礼部右侍郎。……以忤旨免，归。善属文，工书翰，尝修《巴志》，张佳允称其有良史才。"（第700页）

是年，作《亡友邢良登先生墓志铭》。邢良登卒于隆庆五年（1571）九月十三日，享年五十二岁，于隆庆五年（1571）十二月二十日安葬，临终前嘱咐其子请张佳胤撰其墓志。（《居集》卷四十一，第467页）

《光绪铜梁县志》卷八《人物志上》"儒林·孝友"："邢第，字良登，嘉靖中诸生。少受业杨用修之门，工古文辞，教授里中，学者称字滨先生。事母及庶母极孝。嘉靖乙丑妖贼起，大肆焚掠，第与子如龙抱其母枢泣，贼手刃，叱之不去，叹为孝子，戒其党勿犯。向上事母刘氏至孝，母疾，亟上割股和糜以进，疾遂愈，有司旌其门。"

冬十月十一日，张卤母亲张太恭人卒，一个月后讣至南京，张佳胤因与其有通家之情，母沈太夫人遣张佳胤具牲帛之礼，并作祭文。

张佳胤《祭张太恭人文》："隆庆六年冬十月十一日，我诰封张太母老夫人考终正寝，次月讣至白下，巡抚应天都察院右佥都御史张某为位而哭。少苏，追念太夫人嗣君浒东中丞迎养金陵舍中，而某亦奉母太恭人姑苏，使院交相庆慰，游子咸若于怀。乃太夫人先归浚仪，而吾太恭人亦时时思家不能去。中丞寻得被命抚浙，专归迎母越中，行经滁阳，大变来告。中丞一恸几绝。吾太恭人闻之潜然泪下，素虽未面，其通家之情难已也。某乃奉太恭人命，遣使将具牲醴香帛之仪，而告之以文。"（《居集》卷六十三，第708页）

与友人谭思书信，时谭思任武昌儒学训导。

张佳胤《寄武昌谭团士》："我已无心建业水，君今可食武昌鱼。天连吴楚浮云尽，台抱江湖纵目初。"（《居集》卷十八，第255页）

案：谭团士，即谭思，字元通，号少龙，铜梁人，铜梁邑博士弟子，隆庆四年授武昌县儒学训导，张佳胤有《谭元通授武昌县训导诗以送之》，见《居集》卷十七，第251页。隆庆六年（1572）因子丧，弃官归家。

张佳胤《湖广武昌县儒学训导少龙谭公墓志铭》："庚午（隆庆四年），（谭思）偕计吏上公车，授武昌儒学训导。……公任仅踰岁，会长子死于家，公遂投劾归，杜门不复与世事。"（《居集》卷四十四，第498页）

因处理皖城兵变中，处置墨吏，免安庆太守查志隆刑法，被人谗害受贿查志隆。新相张居正方柄国，罢官待用。

"查志隆，浙江海宁人，进士。"（《康熙安庆府志》卷十，"秩官志·府职官·明·知府"条下，第224页）

嵇曾筠等监修，沈翼机等编纂《浙江通志》卷一百六十七《人物三》"循吏一"："查志隆，石星《查志隆传》号绍庭，海宁人，嘉靖己未进士，授宁国司理刑，清讼简声，望蔚然。丁艰，服阕补南驾部主事，历员外郎中，出守皖城，调保定，旋晋天津兵备。地多巨盗，治事月余，虽夜行亦安堵。又葺城隍，复团，兵功最著，转总储，山东卒。"（第429页）

刘黄裳《行状》："时太恭人沈病，上疏乞扶母西归。杨襄毅公团议覆安庆之变，不动声色，海汛赖康。事关三吴，难听其私，留之，盖皖变由通判王应桂激也。公劾问发遣，为所亲在台者贿，削法书得减，南台蜚病，别调南京。"（《居集》卷六十五，第728页）

王世贞《墓志铭》："安庆之卫体宿重与郡守扤，而守志隆以故南兵部出，稍裁之，而又严核其占役指挥马负图、张志学、张承祖忿，使其舍人挑悍卒、故尝为盗江洋者吴锡等，张旗帜犯守，守逃，遂行剽人财帛，守已与守备设策平之矣。公（张佳胤）乃疏上其事，请一切正法而留守。中贵人意惑之，谓守实激之变，以摇公，公不为动。诏逮指挥等论死，而以锡付公行法焉。守卒得白。……然公间尝语余：必归矣，吾之承乏兹土也。故相新郑公实才我，而次相江陵公从臾之。吾以为大臣一意为国用才而已，两吾所报谢，二公乃两疑我，以为必偏有所厚。新郑公去矣，而江陵公方柄国，是且甘心我？而安庆倅王应桂者故为指挥孽守志隆者也，公极论其状应成，而南台与之有连曲，庇之得末减，因入其蜚语中公。江陵果信之，俾听调用，公欣然奉太夫人归蜀。"（《居集》卷六十五，第738页）

案：此处旧相新郑公，指高拱，开封新郑人，隆庆六年六月罢相位。新相江陵公，指张居正，湖北江陵人，高拱罢相后，张居正为首辅。《明通鉴》卷六十五"隆庆六年六月"条："庚午，高拱罢。……拱既去，于是居正遂为首辅。"（第2327页）

张佳胤《与杨郡丞》："处皖城兵变，中间弹治一二墨吏，遂中于仇党，仆蒙垢去矣。"（《居集》卷五十六，第649页）

张佳胤《与崔运长》："仆往滥江左，日兢兢于职事，不意安庆变作，仆之纠墨吏，而扶太守，治武夫而戮叛卒，无非雪振武之耻，明朝廷之法。当时庙议翕然以仆为是。后来王判鼓舞唇舌，南北流言，遂以查守贿仆，而谗垢出矣。"（《居集》卷五十六，第650页）

张佳胤《与丘太常月林》："往抚吴中，以皖城兵躁，弟疏请治。将卒之骄狂、墨吏之启衅，不宜再假姑息，以从振武故事，幸伏圣明置之典刑。无何而墨吏债将之，党交口中谗弟，遂解应天节。"（《居集》卷五十六，第647页）

张佳胤《与西亭宗正》："自壬申之岁，一徽人负令弟子钱而匿诸金陵肆中，则门下贻书为之地。嗣后王皋亭来自大梁，则索门下一字，不得，于时说者纷纷，谓仆有罪，日惟内讼已尔。"（《居集》卷五十五，第634页）

张佳胤母亲身体欠佳，思乡心切，准备送母回家。

张佳胤《与吴定泉宪副》："不佞窃食江左，冉冉二霜。……且奉板舆在邸舍中，慈颜每蹙额思归，乃上书乞身田间，复不得，遂拟明春再举。"（《居集》卷五十三，第 615 页）

张佳胤《与陈宪卿》："奉母署中，不能尽养，而慈颜日蹙蹙思归，且衰病相仍。"（《居集》卷五十三，第 612 页）

除夕，在南京，宦情疏懒，思念家乡。

张佳胤《除日和周通政用来韵》："隐几高斋雪后光，宦情疏懒似嵇康。留台春事催寒腊，帝里歌钟到夕阳。客鬓两年同岁改，乡心一片共江长。天涯风俗哪能免，且颂椒花为举觞。"（《居集》卷十八，第 255 页）

为刘绘刻《通论》，并作序。

张佳胤《刻通论序》："嵩阳先生著论四十篇，学者杨枢辈谓其论关士业，通古人学，遂称为通论。……今年余抚吴，而刻其论以序之。"（《居集》卷三十四，第 406 页）

万历元年（癸酉，1573 年），四十七岁

人日患病，周诗等人见过。屡有解官归田意，已上书乞休。

张佳胤《人日病中柬周兴叔》："天涯愁见帝城春，彩胜家家气色新。官寄五湖叨作长，年来七日喜为人。风尘自抱烟霞癖，山水终归土木身。谁道巢由无圣主，乞章应得问垂纶。"（《居集》卷十八，第 255 页）

张佳胤《灯夕病中，董中丞、周通政、谢饶二道长见过，酌次周韵》，见《居集》卷十八，第 255 页。

周诗，见此年注。

　　春季，王世贞、王世懋兄弟招饮，赴会，其时王氏二兄弟皆起家待官。王世贞已复拜湖广按察使，其弟王世懋也将赴京待选。陆平叔、俞允文俱在，时张佳胤已上书乞休。

　　张佳胤《王元美昆玉招饮小祇园二首》其一："幽居竹树傍东林，三径青回薜荔深。草色池塘曾入梦，山光台榭故相临。惭称车辙门非席，旧为祇园地布金。无奈风云天上起，江湖时作二龙吟。"后注："时元美昆玉俱起家。"

　　其二："沧州环抱草玄亭，问字相携白玉瓶。在座人同高士传（后注：时陆平叔、俞仲蔚二山人同次），登楼心淡法王经。曲池来往驱潮汐，万石东西劈洞庭。因念故园荒剑外，已将骸骨乞明庭。"（后注：余近上书乞休。）（《居集》卷十八，第264页）

　　案：此处应有字误：陆治，字叔平，而非平叔。"陆治，字叔平，居包山，号包山子。吴诸生，数辞廪，督学嘉其才行，令为贡生。遂衣处士服，隐只砚山写生。得徐黄遗意，山水仿宋人，时出己意，上逼李郭马夏，其下勿论也。有贵官子因所知以画请，数幅答之。其人厚其赆币以谢，治曰：'吾为所知，非为贫也。'立却之，束修自好，种菊只砚山下，自守泊如也。偶傥嗜义，以孝友称，好古文辞，时亦秀善行楷。宏治丙辰生，万历丙子卒。年八十有一。"（曹允源、李根源纂，《民国吴县志二》卷七十五上《列传》"艺术一"，第505页，《江苏府县志辑》第12册）另外，张佳胤有《与陆叔平山人》往来书信，见《居集》卷五十六，第652页。

　　钱谦益《列朝诗集小传·丁集中·陆处士治》："治，字叔平，吴人。……为元美临王安道图四十幅，……又与元美游两洞庭，画洞庭十六景，元美称其上逼李郭马夏而下勿论也。"（第487页）

　　《明神宗显皇帝实录》"万历元年三月"条："复除原任山西按察使王世贞于湖广。"

　　王世贞《亡弟中顺大夫太常寺少卿敬美行状》："壬申之初冬，始禫服。偕一二友生泛太湖，陟两洞庭，各有诗纪之。明年正月服除，以四

月抵都下，十月始补祠曹，意泊如也。"（王世贞《弇续》卷一百四十，
第 52 页）

四月二十五日，刘绘卒，年六十九。

张佳胤《中宪大夫重庆府知府嵩阳刘公暨配胡孺人墓志铭》："先生
（刘绘）卒于万历癸酉四月二十五日，得寿六十有九。"（《居集》卷四十
五，第 504 页）

**端午节，宴于王世贞西园，俞允文头风突发，辞避退席。张佳胤曾
往访之，并旌其庐。**

俞允文《答张中丞书》："恭惟明公（张佳胤）不遗壤室之疵贱，
召见舟船，接见踰涯，实倾群听，复承垂眷。欲因元美园亭招待清宴，
某不敢依违遇陋，辄便追随，奉陪末座，……不图头风窃发，蹙额攒
眉，偃蹇众中，有妨明公之威重，竟遂辞避。……岂冀明公留珍重，
遣翰教，副以腆赠，礼隆仁至，拜受惭惶。"（《俞仲蔚先生集》卷二
十三，第 783 页）

俞允文《奉陪大中丞西蜀张公宴于观察元美西园二首》："佐代推英
杰，山川间气开。吴都千骑出，蜀国四贤来。访德尊耆旧，搜奇遍草莱。
韬衿轻起牧，词赋狎邹枚。思逸天标外，风疏谷口迥。独惭坏遁者，偃
蹇谬追陪。"（《俞仲蔚先生集》卷七，第 689 页）

俞允文《端午日奉陪张中丞宴王观察西园》，见《俞仲蔚先生集》
卷七，第 690 页。

案：张佳胤在隆庆六年（1572）二月间入吴后，一直到五月二十七
日方回苏州，后即抱病，直至隆庆六年（1572）秋重阳节左右第一次赴
太仓小祇园见王世贞兄弟，因此与俞允文端午节之宴应该在万历元年
（1573）。

俞允文（1513—1579），字仲蔚，昆山人，嘉靖诸生，与王世贞、徐
中行、卢楠等人友善，世贞推为广五子之一，明史有传，今存有《俞仲
蔚先生集》。

五月，上书乞休成，经过洛阳、商丘一带，与友人诗酒唱酬。

张佳胤《过商丘，李子中投以诗，和韵答之》："乞身喜作岷峨老，叱驭那论蜀道难。奉母欲裁潘氏赋，垂堂原避使君滩。竹深梁苑千年会，雪散巴人五月寒。便食蹲鸱归自好，何如兹夕对盘桓。"（《居集》卷十八，第257页）

张佳胤《余谢官入洛，温函野、沈对泉二中丞，王柱峰少司寇，吕文川太守，刘后峰大参，苟前川户部，刘西塘宪副招饮温嵩崖方伯园亭，因赠嵩崖》，《居集》卷十八，第256页。

张佳胤《洛中诸公各赋诗为别，因次韵答之》，其中有"我自无媒归去好"（之六），"相劳问讯别来因，屈指风尘二十春。末世同遭三市虎，壮心俱过百年身"（之七）。（《居集》卷十八，第256页）

案：张佳胤从嘉靖二十九年（1550）进士入仕迄今已有23年。"三市虎"，即三人成市虎之典。此处张佳胤暗指中人谗语，不得脱身，已上书乞休。

张佳胤曾在此年初请王世贞为其父作墓表，而王世贞的墓表完成时间当在本年六月赴湖广任职之前。张佳胤写信感谢，参见下注。

六月，张佳胤巡抚云间一带，并得到母亲在南京官邸中身感暑湿之耗，即经安徽广德、宛陵（今安徽宣城）、宁国（今安徽宁国），回南京侍奉生病的母亲。在安徽宁国时，得到王世贞的书报，即前往当涂长江岸边赴约，与将赴任湖广按察使的王世贞等人会合，一醉而别。王世贞赴任湖广的时间在此年六月。

王世贞《封中宪大夫都察院右金都御史南溆张公墓表》："万历之改元，蜀张君佳胤部吴而谒余，以请曰：'先大夫之葬也，木拱矣，而始藉天子之宠灵，得亦称都御史墓颜，且益拓矣，敢藉子之一言以重。'"（《弇四》卷九十五，第529页）

张佳胤《谢王元美》："先君大自负，而老死诸生间，此不肖所为日夜痛者。天假之便，使不孝游吴，因得乞言于足下，口托不朽，幸矣幸矣！……读手教备闻别后动静，及得令郎令爱吉凶之耗，为足下悲喜并作。然喜固胜悲矣。拜违后，以中酒饮水大泻两昼夜，竟以五香酒宾爵而愈。十五夜分，始达云间，谒庙后，始造徐相公之庐。……京中家报来，慈亲近感暑湿微恙，虽云勿药，此身似不宜久在外郡。数日了事，即挂帆泖中，径达广德，循宛陵以还白下。仙舟入楚，时不肖扶刘光禄治祖江上，一醉而别，足下制扁索名园诗，不肖所欲奉者，不但园林中一首已也。"（《居集》卷五十四，第625页）

案：此信中张佳胤感谢王元美为其父作墓表，其中言其母在京（南京）中近感微恙，而自己久在外郡，当尽快返回白下（南京）。信中所言王世贞"仙舟入楚"，即指王世贞在六月入楚任湖广按察使一事。

王世贞《江行纪事》："余以六月十七日抵京口而楚，……光禄卿刘公一儒、给事王君颐为酒西寮已待矣，二君皆楚人也。……明日张肖甫中丞来，肖甫方抚宁国，已贻书与余别矣。而会避暑还金陵谒侍太夫人，得余报轻舟下，乍见慰喜，久之方解衣。大理卿杜公拯来，杜公，二十年同舍郎也。已周通政诗、汪太常宗元，已又张尚宝崇伦来，语少顷，皆别去。肖甫同杜公独留，盖皆有移庖也。乃出余酒酒之。毋何，而刘公复至，刘素不善饮，余与杜、张呼卢浮大白酣噱。及二公庖至，则皆已醉，而刘独袖手坐，湛若冰玉，自可喜，然竟不能有所谈而别。……明日当入武昌，因烧烛而为之记。"（《弇四》卷七十八，第305页）

《明史》二百二十卷："时有夷陵刘一儒者，字孟真，亦居正姻也。嘉靖三十八年进士，屡官刑部侍郎。居正当国，尝贻书规之。居正殁，亲党皆坐斥，一儒独以高洁名。寻拜南京工部尚书。甫半岁，移疾归。"（第5785页）

王世贞《肖甫中丞自采石驰归，一醉而别，至江州寄怀》："初闻牛渚驻旌旗，小队元戎早自归。乍合延津疑剑是，才违汉浦觅珰非。歌偏白石成名晚，身在青云折节稀。也道武昌鱼雁便，那能相忆不沾衣。"（《弇四》卷四十二，第529页）

采石，即采石矶，又名牛渚矶，位于今马鞍山市西南五公里长江南岸，南接芜湖，北连南京，绝壁千寻，地势险要。

（清）弘历批，（清）傅恒撰《御批历代通鉴辑览》卷三十："牛渚，山名，在今江南太平府当涂县西北，其山下入江处，谓之采石矶。《元和志》采石戍，为六朝重镇。"（第72页，《四库全书》第336册）

巡视松江期间，拜谒徐阶。

张佳胤《谢王元美》："云间谒庙后，始造徐相公之庐。"（《居集》卷五十四，第625页）

张佳胤《云间谒徐存斋相公，以轴索诗，因赋二首》："五湖舟楫伴归人，曾是先朝社稷臣。去后安危看自见，到来忧乐竟谁真。起居健胜华亭鹤，潇散情同绿野春。授简愧称门下客，汉廷经术有平津。"（《居集》卷十七，第253页）

徐阶，字子升，号少湖，一号存斋。明松江府华亭县人。嘉靖二年（1523）以探花及第，在嘉靖朝后期至隆庆朝初年任内阁首辅。万历十一年（1583）卒，赠太师，谥号文贞。

张佳胤《上徐相公》："一行金陵，候问稍远，然逢人辄讯起居。……计明春径如海上，专领诲言。"（《居集》卷五十三，第607页）案：此文是张佳胤在隆庆六年（1572）初来应天任上时与徐阶互通书信，言明年春天巡视上海时，专去拜访。可证张佳胤拜谒徐阶的时间在万历元年（1573）。

在南京待官，等候告老还乡之音信。听闻江南有盗贼起，忧心忡忡。

张佳胤《余候代白下，郭少卿自茅山来谒，出扇索诗，赋此为别》："不浅华阳兴，言从建业过。展留芳草色，衣带紫云多。世路堪销骨，门墙好设罗。扣君茅氏君，归去老岷峨。"（《居集》卷八，第158页）

张佳胤《余乞田间，寻报江南盗起，赋此言怀》："还山常爱一身轻，独坐心缘羽檄惊。只道长江堪锁钥，胡然群盗忽纵横。优游敢幸完名计，骚屑难忘去国情。不识封疆诸使者，上书谁请汉臣缨。"（《居集》卷十八，第258页）

张佳胤在万历元年（1573），托周诗刻集卢楠集。然刻版未成，周诗在此年暴卒，时张佳胤尚与其有酒壶之约。后张佳胤返乡，临别前，只得将卢楠集刻版交付穆敬甫、石拱辰二人，将另一版交给卢楠中表兄弟宋有孚。

张佳胤《蟪蛄集序》："数年，而余抚吴，从友人王元美索山人集，未全也。一日，客建业，与姚叙卿谈山人，姚故守大名，因出其集，即邺都旧本也。……乃属友人周兴叔纳言删定入梓。……集刻先成，余且挂冠去，虑刻之无所托也。而穆石两君书适至，慨然欲为之传。"（《浚县志》卷二十《艺文》，第1046页）

案："周诗，字兴叔，钱塘人，嘉靖丙辰进士，历官通政使，有《舆鹿集》。"［（清）朱彝尊《明诗综》卷四十九，第197页］张佳胤集中有若干首与周诗往来酬唱的诗歌，周诗去世后，张佳胤并作《挽歌四首》及祭文以祭奠。

张佳胤《周兴叔通政考绩行，以册索予诗，一日暴卒，遂成挽歌四首》：其一："暴卒果何病？惊心伏枕时。书方晨起到，酒欲晚来移。（此处自注：卒之日，走书期日晡携壶见过。）"其二："乞骨吾将去，临岐尔欲分。朝中方奏绩，地下已修文。"（《居集》卷八，第157页）

张佳胤《与石太仆拱辰》："《卢次楩集》生梓完以付其中表宋有孚者，宋知天文，乃生门下人也。别具一书，以此刻托足下与少春，而生遂西还。"（《居集》卷五十六，第650页）

穆敬甫，朱彝尊《明诗综》卷四十九："（穆）文熙，字敬甫，东明人，嘉靖壬戌进士，除行人，进司副，迁工部员外，改尚宝司丞，转吏部员外，出为广东按察副使，有《逍遥园集》。"（第208页）

"石星，字拱辰，东明人，嘉靖进士，官吏科给事中。隆庆初，以帝任用宦官，不亲政事，上疏极谏。诏杖六十，绝而复苏。星妻郑误闻星毙，遽触柱死。神宗初，起故官，累迁工部尚书。以四方灾伤而织造不已，数有论谏。改户部，核边计建白十四条。寻改兵部。倭入朝鲜，星力主封贡，后事坏，下狱论死，天启中复官。"［（清）和珅等纂，《大清一统志》卷二十三"大名府二"之"人物"，第479页］

在南京，送别朱孟震赴任重庆太守，已经乞骸骨欲归卧家乡。

张佳胤《寄朱太守二首》之一："秣陵亦是汉西京，词赋君垂作者名。出领一州如斗大，来看五马似龙行。"之二："乞将骸骨卧岷峨，世事其如懒慢何。"（《居集》卷十八，第 258 页）

张佳胤《金陵送朱太守之重庆二首》之一："夔门西望是江城，太守乘秋皂盖行。"（《居集》卷十八，第 258 页）

朱太守，指朱孟震。《重庆府志》卷四"职官志""知府"："朱孟震，新汰进士。"朱孟震之前重庆太守是张希召，"隆庆四年由户部郎出守重庆"。之后"傅良谏，……万历初知重庆府"。（第 145 页）

"朱孟震，字秉器，新淦人。隆庆戊辰进士，除南京刑部主事，历郎中，出知重庆府。升河南按察副使，累官通政使，以右副都御史巡抚山西。有《郁木生全集》。"（朱彝尊《明诗综》卷五十六，第 354 页）

将归，从一僧人处知雪昙禅师在云间居住，遂作书问讯。

张佳胤《雪庵昙禅师塔铭》："余抚吴行部云间者再，禅师竟匿迹不以闻。……后余抵金陵，投劾将归，始从他僧知禅师住云间，乃作书问无恙，且重其善晦。"（《居集》卷四十五，第 510 页）

雪昙禅师，铜梁人，嘉靖五年（1526）生，八岁出家为僧，少曾与张佳胤在铜梁寿隆寺比邻而居，后常寄居于云间。万历十年（1582）卒，张佳胤为其立塔，并作《雪庵昙禅师塔铭》。

张佳胤在端阳节启程返家铜梁，归家时已至秋夕。

张佳胤《与王元美中丞》："弟以去年端阳日渡江登陆从栈道返也。于时夏令似秋日，走清凉之道，弟得奉舆，清平就舍，窃意天助归人，或不偶也。"（《〈居集》卷五十四，第 628 页）

案：张佳胤此处言端阳日启程返家，当为上书乞休的正式诏令下达后。其后张佳胤又在南京待官，真正离开南京返家之日至少应该在六月送别王世贞赴湖广任后。

张佳胤《与李棠轩太史》："不佞滥竽江左受命之日，……不佞以立秋之夕解鞍故里。"（《居集》卷五十四，第631页）

秋，归家途中，曾拜会王廷于南充的绿野之堂。

张佳胤《寄御史大夫王南岷》："去秋一拜公于绿野之堂。归来堙户山中，息交自全，遂于门下缺候。……今夏起家南卿，……拟来春单骑之任。"（《居集》卷五十五，第633页）

案：张佳胤起家南京光禄卿是在万历二年（1574），此处"去秋"，当是万历元年（1573）归家途中。

王廷，字子正，号南岷，四川南充人。嘉靖十一年（1532）进士，历任户部主事、苏州知府、南京礼部尚书、都察院右都御史等。隆庆四年（1570）削职为民，致仕，卒谥恭节。

归家后，闭门读书，母亲沈氏的病很快痊愈。

张佳胤《与余祭酒》："慈亲一见家园，夙疴如脱，不佞得日馔江鱼以佐菽水。暇则堙户读书，勿忘旧业。"（《居集》卷五十五，第632页）

中秋节，与家乡友人游计都山寺。

张佳胤《中秋同冷玉卿、李学夫、敖子学诸公游计都山寺》："莼鲈归破季鹰愁，到处提壶爱一丘。"（《居集》卷十八，第258页）

《光绪铜梁县志》卷一"地理志"之"形胜"："计都山，在县西五里，峰峦峭出，林木青蔚，与罗睺山东西拱揖，为县治辅弼。"（第5页）

九月，曾醒吾巡抚四川期间，抚平叙州（泸州）都掌蛮乱。

《明纲鉴》"神宗万历元年"条："九月，四川都掌蛮平。"（第2336页）

《光绪泸州九姓乡志》卷四《人物志》"外纪"："万历元年，四川巡抚曾省吾议讨都掌蛮。"〔（清）任五彩、车登衢等纂，第828页〕

张佳胤《赠曾三甫中丞平都蛮凯歌十二首》之二："油幢一指大江渍，到处壶浆劳六军。传与川南诸父老，十年此地号神君。"其后自注："公昔尹富顺。"（《居集》卷二十八，第338页）

案：曾省吾在嘉靖三十五年丙辰（1556）考中进士后，授官四川富顺县令。彭文治、李永成修《民国富顺县志》卷九《官师》："明""世宗"："曾醒吾，三十六年任。"（第365页）"曾醒吾，字以三，湖广承天人，嘉靖三十六年（1557）由进士任。以茂龄莅繁邑，谙练如老成，……官至工部尚书。"（第391页）

万历二年（甲戌，1574年），四十八岁

在铜梁家中，奉母之暇，或与友人宴集、游玩，或明农课子，一切人间事杳然不相闻问。

张佳胤《与杨郡丞》："山居年余，奉母明农，暇则携高阳一二友酬咏青山绿水之间，窃自愉快。"（《居集》卷五十六，第649页）

张佳胤《寄御史大夫王南岷》："奉母之暇，明农课子，时或习静，似得收摄之验。"（《居集》卷五十五，第633页）

张佳胤《与王元美中丞》："还山后，日坐井中，一切人间事杳然不相闻矣。"（《居集》卷六十四，第628页）

三月，为卢楠集作序。

《浚县志》"艺文"卷二十："蠛蠓集五卷，存，明卢楠撰。……张佳胤序曰：……万历二年甲戌三月朔日西蜀居来山人张佳允撰。"（第1046页）

家兄张宗胤卧病在床半年，后张佳胤亦病瘧。母亲沈夫人归来后，身体逐渐恢复。闻王世贞迁郧阳巡抚，作诗贺之。

张佳胤《与王元美中丞》："弟以去年端阳日渡江登陆从栈道返也。

……闻兄开府郧西音耗。……弟归家后，即值家长兄一病者数月，至今呻吟床褥间。弟从来历官在外，家事无所托。……家母归来，较在任时倍健。"（《居集》卷五十四，第627页）

张佳胤《寄赵大洲阁老》："某往年罢归山中，……旋值家兄病笃，缠绵半载。已而某且病瘰，遂无复言行旅事矣。"（卷五十六，第651页）

张佳胤《王元美自太仆迁郧阳巡抚，闻报志喜》："天书曾向会稽征，起后风云万象增。数马无何周大正，避车仍晋汉中丞。地环诸道分麾定，台抱千峰拥传登。不为弹冠堪自喜，也容吾辈渐骞腾。"（《居集》卷十八，第259页）

张佳胤《元美甫至郧，即遣问余山中赋谢》："愁将只字破暄寒，西极遥从剑阁看。雀网物情堪自老，鱼书君意念加餐。发当五十惊齐变（此处自注：余与元美今年俱近五十），路隔三千会亦难。便是故人能好我，田间只惯鹿皮冠。"（《居集》卷十八，第259页）

案：王世贞于此年九月督抚郧阳。《明神宗显皇帝实录卷》之二十九"万历二年九月"条："升太仆寺卿王世贞为都察院右副都御史督抚郧阳。"

七月六日，生日，游铜梁圣泉寺。

张佳胤《初游圣泉寺》："六八吾生过，人天此一游。晚才回大梦，始觉负沧州。岳对香林起，川从宝地浮。自今求杖屦，次第尽冥搜。"（《居集》卷八，第158页）

案：圣泉寺，《光绪铜梁县志》卷二《建置志》"寺观"："胜泉寺，在巴岳山半，明成化间建寺。时瓮石得甘泉，因以名寺。明教授冷绍元撰记。"

《与敖山人、冷文学晚集伯兄南庄泛舟，得先字》："小阁斜临水，凭轩得月先。耕桑俱负郭，草木欲生烟。鸟立垂纶石，云开种秋田。棹歌时有客，不谢剡溪船。"（《居集》卷八，第158页）

夏，征召南卿。张佳胤即上乞章，未蒙见允，拟来春单骑赴任南京。

张佳胤《寄御史大夫王南岷》："去秋一拜公于绿野之堂，归来墐户山中，息交自全。……某今夏起家南卿，即上乞章，未蒙见允，而当路移文督行甚励。顾念慈亲高年，进退狼狈，……拟来春单骑之任，以答当路。"（《居集》卷五十五，第 633 页）

案：此处言，张佳胤在万历元年（1573）奉母归家途中曾拜谒王廷，而张佳胤正式起家赴任则是在万历三年（1575）乙亥，则在万历二年（1574）夏日，张佳胤收到起家南卿之报。

秋日，游铜梁巴岳山，登香炉峰，并宿于玄天宫。

张佳胤《登香炉峰宿玄天宫作》："天依大岳容双屐，地豁清秋辨九州。"（《居集》十八，第 261 页）

《巴岳绝顶巨石如炉登览奇异爱咏斯篇》，《居集》卷十一，第 184 页。

张佳胤《自玄天宫入巴岳寺》，《居集》卷十八，第 261 页。

香炉峰，在巴岳山上。"巴岳山，……在县南十五里，……绝顶石有狻猊者，名香炉峰。"（《光绪铜梁县志》卷一《地理志》"形胜"）

"玄天宫，巴岳山巅，□重光四字，金钟送曙，为县治八景之一。"（《光绪铜梁县志》卷二《建置志》"寺观"）

在铜梁县南的巴岳山上买田，并结二庵，一曰赤松，一曰招隐，欲老于是乡。并招身在云间的雪昙禅师，与之共居庵中二月，谈禅论经。

张佳胤《与孙太宇同年》："颇有意于古皇先生之业，于小庄右偏结得二庵，一曰赤松，一曰招隐。日群静者，稍涉名理，宦海风波，梦寐不到久矣。"（《居集》卷五十六，第 657 页）

"赤松庵、招隐庵，俱在巴岳山，明张襄宪公建，今废。"（《光绪铜梁县志》卷二《建置志》"寺观"）

张佳胤《余请告归，结赤松庵，更买九龙山房。而适起家南卿，再乞不报，将束装而南。僧方庆请庵名，命之曰招隐。取左太冲、陆士衡诗语，且以微尚告山灵也》，《居集》卷二，第 87 页。

张佳胤《重修罗睺寺记》："余乞归山中逾年，近买田寺下，将欲分一宫与古皇先生老焉。乃赴征书，且择日戒道，不得毕吾志。"（《居集》卷三十八，第445页）

张佳胤《宿赤松庵》："自买青山作主人，误从轩冕向风尘。抗章终抱烟霞疾，玩世聊称草莽臣。莲社相招今日友，辟支曾是异时身。赤松黄石盟犹在，肯为征书起钓纶。"后注："时起余南卿，再疏乞身。"（《居集》卷十八，第261页）

张佳胤《雪庵昺禅师塔铭》："又于巴岳山中构赤松、招隐二庵以待禅师与俱。禅师但报谢，无他语。余归山中二载，不复有用世意。又日望禅师不归。无何，起家南卿，复寓书招禅师，至天界静谈两阅月，强之，归，余亦拟拂衣去。"（《居集》卷四十五，第510页）

"巴岳山，在（铜梁）县南十五里，为邑山最高处。浓阴苍翠，鸟道曲盘，上有三十五峰，多产佳茗。"（《光绪铜梁县志》卷一《地理志》"形胜"）

"巴岳山，去治南五十里，《胜览》云：此去绝顶蟠螭若炉，上建元（玄）天宫。旁有昆仑洞，在悬岩石壁上有一窄路可进，乃张三丰修道之所。内有苍玉，山有仙茅。唐长庆中采樵者服之仙去。山中有古刹巴岳寺。……元天宫，在治南巴岳山巅上，张佳荫有诗。"〔（清）陈梦雷《方舆汇编·职方典》"重庆府部考五·重庆府古迹考府志"，《古今图书集成》本〕

另，张佳胤《居来山房集》卷三十九目录条有《游巴岳山记》第65页，但是文集中未有收录。

孟冬之月，曾三甫来信，劝张佳胤早赴征召，二人并有郢都之约。曾璠亦来信索诗。

张佳胤《三甫入渝，余不能谒，承枉书问，且督南征，并订郢都之会而寄以诗》："良时不再至，嘉会复何如？孟冬厉霜气，蓬蒿没敝庐。兴言念友生，抗旌向巴渝。便欲往从之，山川郁盘纡。感兹绸缪意，远及铜梁书。加餐字未毕，殷勤劝脂车。渔樵计已定，樊笼日愁予。闻君下夔子，目极生踟蹰。孤怀入大江，万古只东趋。郢国有白雪，期我献岁初。醉罢阳春台，然后歌骊驹。"（《居集》卷二，第87页）

案：此诗作于铜梁家中，并已有征召之事。曾三甫在隆庆末年入渝为四川巡抚，在万历三年（1575）六月入京为兵部侍郎，故写作时间系于此。

张佳胤《曾翁少参械卷索余诗，作阳白歌寄之，时长公抚蜀，而公且诰进中丞矣》："汉滨丈人今崛起，早岁摛辞薄大言，中年射策朝天子。一命高卧白云司（张佳胤自注：公为郎北部），再命偏傍商山芝（张佳胤自注：公参陕，守商洛）。有官不向时才伍，有子知为帝者师。归持二华仙人掌，双掷朱衫从此辞。……謇余摇落羁巴川，辱公两世生相怜。"（《居集》卷四，第108页）

是年，陈文烛督学四川，张佳胤诗以贺之。陈文烛并委托张佳胤为其父陈柏序书稿。

张佳胤《陈玉叔以淮安太守入觐，遂擢四川督学副宪》："万方群后集明堂，谁上金台见骕骦。帝每临轩论计吏，郡称高第只淮阳。汉庭一授相如节，星象双垂益部光。经术异时看列传，君名岂但是循良。"（《居集》卷十八，第259页）

张佳胤《陈学宪入蜀柬之（后注：陈，郢中人也）》："风散琴台传木铎，经横石室拥皋比。人言礼殿千年后，齐鲁西南又一时。"（《居集》卷十八，第259页）

张佳胤《与陈玉叔提学》："曩介使具羔雁入锦城，而不知行部梓州，山人疎慵大较然也。……不佞游门下父子间，称厚契者岂敢为佞哉！……承委以尊翁稿序，……不佞往年与尊翁为同舍郎，不佞亦稍知之。"（《居集》卷五十四，第627页）

张佳胤《职方题稿序》："此沔阳苏山陈公守职方郎所拟疏也。公与余同举嘉靖庚戌进士，而公已负重名，寻授司马曹郎，历职方，余亦自县令迁拜职方，盖与公同舍云。已而公出副晋臬，仍以职方左官，遂弃去，归沔上。……公仲子五岳，则手录其稿若干篇，今以宪副督学蜀中，携其稿以授渝州太守朱公（朱孟震），因请刻诸郡斋，而属余序。……如五岳君者，守淮阳，以循良高第迁益州学使，不半岁而文翁之颂，彻于远迩。"（《居集》卷三十一，第367页）

"明陈文烛，字玉叔，沔阳人，嘉靖乙丑进士，授大理评事。时七子有时名，意不可一世，文烛雁行其间，不少让。出为淮安守，以治行迁四川学使，转参漕事，迁大理卿，致仕归。建五岳山房，日率亲故饮酒赋诗其中。著有《五岳山人集》，归有光序之。"[（清）迈柱等监修，夏力恕等编纂《湖广通志》卷五十七《人物志·文苑》"安陆府"，第303页] 陈文烛之父陈柏，与张佳胤为同年进士。

陈文烛于万历二年（1574）督学四川。陈文烛《游峨山记》："昔苏子瞻言天下山水在蜀，蜀山水在嘉州。……（陈文烛）万历甲戌奉命督学事，冬试嘉州。"（陈文烛《二酉园文集》卷九，第123页）

王世贞写信索杨廷和集，张佳胤托付陈文烛取杨廷和、杨慎父子全集。

张佳胤《与王元美中丞》："弟以去年端阳日渡江登陆，从栈道返也。……论索杨文忠集，敝邑去新都千余里，平生未尝有之。近日托陈督学取文忠父子全集，尚未有以报也。闻新春前茅指太和，弟昔游此山，以病目仅至紫霄而返。"（《居集》卷五十四，第628页）

案：杨廷和，杨慎之父，"字介夫，新都人。成化中以奇童中乡试，弱冠登进士，官翰林检讨。历升翰林学士，兼户部侍郎，为刘瑾所嫉，改调南京后，召拜华盖殿大学士兼吏部尚书。与梁储、蒋冕同心辅政。武宗无后，廷和议迎立肃宗。登极后，旋以议礼落职。廷和怡然归里，卒于家。隆庆初，追复其官，谥文忠。"[（清）黄廷桂监修，（清）张晋生编纂《四川通志》卷八《人物》"明""成都府"，第347页]

案：陈文烛在四川期间，曾收集杨廷和及其子杨慎的作品集。陈文烛《杨升菴太史年谱序》："杨用修先生没十八年矣，余过新都，收其遗书十才一二也。"（《二酉园文集》卷二，第30页）

万历三年（乙亥，1575 年），四十九岁

春，铜梁家中。与陈文烛有合州钓鱼城游赏之约，因张佳胤有事，未能赴约。

张佳胤《答陈学宪见寄并订合阳之约》："人士西南十四州，词场过眼失全牛。阳春只见谁为和，明月何妨取次投。到处江山供彩笔，有时鸿雁下沧州。高斋醵偕陈蕃榻，浊酒何如张翰秋。"（《居集》卷十八，第 259 页）

案：今合川钓鱼城古战场遗址博物馆的忠义祠内收藏有"五岳山人诗碑"及"居来山人诗碑"，即是陈文烛及张佳胤登临钓鱼城所作。"铜梁山人诗碑"高 1.8 米，宽 0.78 米，厚 0.17 米，碑文抄录如下："万历仲春，陈五岳学宪招游钓鱼山，未赴，承枉篇章答之：'大江东指钓鱼城，使者乘舟自在行。壁垒尚含天地色，山川不尽古今情。苔留屐迹参差见，云爱松门次第生。如此胜游难授简，野人虚负挂冠名。'（案：张佳胤此诗亦收录于《居集》卷十八，第 260 页。'壁垒尚含天地色'中的'含'，在《居》集中为'容'。）是年季冬，余召南行史相吾太守、张贞斋司户饯于钓鱼山，从游诸生大足吴生一瑞、余邑向生微星、兄子叔理、三子叔琦、叔珮、叔玺也，'沧江起愧卧龙才，祖帐孤城地主开。渐远白云频寓目，相邀落日傍登台。英雄往事僧能话（自注：有寺僧普训能谈宋元事），风雨空林鹤并回。宾从尽称平世客，倾怀岂但为离杯。'腊月初五日铜梁山人张佳胤书。"〔案：此诗与《居集》中卷十八《起家南行，张司户同诸文学饯于钓鱼城山》同为一首，其中"英雄往事僧能话，风雨空林鹤并回"在《居集》中为"山河南渡逢僧话，风雨东林并鹤回"。〕

清代韩清桂纂《光绪铜梁县志》卷十四《艺文志四》亦收录张佳胤诗《是年季冬，余赴召南行史湘吾太守、张贞斋司户饯于钓鱼山，从游诸生大足吴生一瑞、余邑向生微星、兄子叔理三子叔琦、叔珮、叔玺也》，并云："邑人朱凯南自合州归来，云曾于钓鱼山护国寺石碑见襄宪

二诗，因出捐幅。观之，碑高六尺，字大二寸许，书法直与李北海、苏灵芝相上下，末署铜梁居来山人张佳允书。县去钓鱼山数十里，如此名迹，二百年来邑人士竟无一寓目者，《合州志》亦阙不载，殊可怪也。因急补登《县志》，并选工往拓多幅，以广流传，庶片羽吉光有目共赏。原碑但纪'万历仲春'，不书甲子，今考《明史》本传，万历七年襄宪起故官巡抚宣府。观原刻'是年季冬赴召南行'之语，是二诗皆作于万历六年矣。"

案：韩清桂叙述此诗的收录缘起，并考其作于万历六年（1578），但是张佳胤万历六年（1578）丁忧期满起家是北去上谷，此处陈文烛招约张佳胤游合州钓鱼城，在张佳胤留存的诗碑中只有"万历仲春"，以及"是年季冬，余召南行"等，虽未明言年份，但与张佳胤此年十一月赴任南京任鸿胪卿合，故陈文烛招约合州钓鱼城的时间是在万历三年（1575）春季，张佳胤起家后，与诸友人游钓鱼城的时间则是在此年腊月初五日。

"五岳山人诗碑"高1.5米，宽0.6米，厚0.4米，碑文如下："《登合州钓鱼城读唐石头和尚草庵歌兼寄张中丞》：'千刀峰峦倚杖登，宋元往事感偏增。钓鱼绝顶仙人迹，驱马中原国士能。南渡江山逢圣主，东林烟月有高僧。披云无线悲歌意。把酒缘何问季鹰。'五岳山人书。"（案：此诗亦收录在陈文烛《二酉园诗集》卷九（第359页，《四库全书存目丛书》集部第139册）中。在诗集所收录的此诗中，标题"张中丞"后附"肖甫"，"有高僧"为"付高僧"，"缘何"为"何缘"。）

合阳，即重庆合州，今合川。储大文《钓鱼山》："合州钓鱼城记曰：城在州治之东北，渡江十里至其下。山高千仞，东南北三面据江，皆峭壁悬崖。……城之外突起一台曰钓鱼台，其上平正，可坐十余人，有巨人足迹。此台乃在山之巅，俯视大江踰千仞……郡所属石照、铜梁、巴川。"（储大文《存研堂文集》卷五《杂著》，第73页）

七月五日，四十九岁生日。

张佳胤《乙亥生日》："林丘自制薜萝衣，考室诛茅傍翠微。地僻好栽南亩竹，家贫全仗北山薇。天边麟阁生无分，镜里秋霜发渐稀。何待来春称半百，方知四十九年非。"（《居集》卷十八，第 262 页）

夏，受征召，起南京鸿胪卿，即上书乞休，坚卧不出，未允，拟来春抵任，再图归家之计。此次张佳胤重新任用，是对万历元年（1573）因中小人馋语而罢官的拨乱反正，张佳胤被罢官后，舆论纷纷，皆为其称冤，张居正暗察其事，终悔之，遂重新提任。

张佳胤《与崔运长》："去春起家，以今年春二月始抵白下。"（《居集》卷五十六，第 650 页）

张佳胤《乞休不允漫赋》："乞章空上大明宫，万里君门不易通。岂借黄金先骏骨，何因青眼到山公。深源一代虚名误，元亮三秋晚节工。多少壮夫天地里，肯将小技重雕虫。"（《居集》卷十八，第 263 页）

张佳胤《寄御史大夫王南岷》："某今夏起家南卿，即上乞章，未蒙见允，而当路移文督行甚励。顾慈亲高年，进退狼狈。某素愚拙，不敢蹈近世矫名者以退为进之辙，拟来春单骑之任，以答当路。"（《居集》卷五十五，第 633 页）

刘黄裳《行状》："乙亥，起南鸿胪卿，历光禄卿，升都察院右副都御史，巡抚保定。十二月，太夫人卒于家。"（《居集》卷六十五，第 727 页）

王世贞《墓志铭》："公（张佳胤）归，而诸谓公冤不蔽白简者，谓公贤可大用者籍籍。江陵公不自安，又察知公实物他厚，乃大悔，曰：'吾几失此人。'时江陵公虽忮而尚能为县官急才，寻补南京鸿胪寺卿。"（《居集》卷六十五，第 738 页）

王世贞听闻张佳胤起家之信，在郧阳等候张佳胤。王世贞此年二月也有上书乞休之意，未允。

明神宗显皇帝实录卷之三十五"万历三年二月"条："提督郧阳军务都察院右副都御史王世贞乞休，不允"。

张佳胤《有报余之官者，元美中丞遂除馆赋诗待余梁州，而余方上书坚卧，作此谢之》，见《居集》卷十八，第263页。

张佳胤《与王元美中丞》："弟近日始见邸报，前疏于七月十五日始上，未审部覆云何。即不覆，家僮亦当抵家矣。万一不遂，弟当遵兄教，且暂之官，后再图归计，未晚也。……近见董子才抚秦，……。"（《居集》卷五十四，第629页）案：董世彦巡抚陕西，参见下注。

六月，曾省吾从四川巡抚入为兵部右侍郎。时张佳胤已于此年六月上书乞章，家中等待音耗。

《明神宗显皇帝实录》第三十九卷"万历三年六月"条："升四川右副都御史曾省吾为兵部右侍郎。"

张佳胤《与曾中丞》："比者，藩臬两大夫介使征言，始知内召之命。闻者莫不颂圣主贤臣，其奈西人失屏幪何？惟明公世有德于蜀土，即明公北辕，而心何尝不西哉？弟居山中奉母读书，亦颇自适。六月上乞章，至今消耗杳然。"（《居集》卷五十四，第628页）

张佳胤《送曾中丞三甫拜少司马还朝二首》之一："闻阊宣麻拜夏卿，高秋千里抗旌行。"之二："二载相依节制尊，交情常傍布衣存。甘棠时和巴人咏，杕杜深知圣主恩。"（《居集》卷十八，第262页）

七月，董世彦从山西左布政升为右副都御史，巡抚陕西。

张佳胤《山中喜闻董子才由晋藩晋陕西巡抚》："久知公望有端倪，中岁裁承御墨题。顾尽侍材终冀北，遂携紫气度关西。"（《居集》卷十八，第263页）

《明神宗显皇帝实录》卷四十"万历三年七月"条："升山西左布政董世彦为右副都御史，巡抚陕西。"

十一月，张佳胤起家南赴，只身赴任。

张佳胤《文林郎湖广衡州府鄞县知县涪川赵公墓志铭》："故鄞县令合州涪川赵公于万历三年十月五日捐馆。踰月，而余起家过合，哭之。"（《居集》卷四十二，第480页）

王世贞《张佳胤墓志铭》："寻补南京鸿胪寺卿，公始独身之任。"（《居集》卷六十五，第738页）

过渝州，渝州太守朱秉器出其父亲诗集，请张佳胤为之序。

张佳胤《墨泉先生诗集序》："朱秉器……领渝州太守，余始得识秉器。后余释事山中，稍稍以文字往来称益友矣。比余起家南卿，舟过渝州，秉器出其尊人诗，所谓墨泉先生集者授余，而且属为叙。余于舟中读之，未尝不歆艳秉器之业有由来哉！"（《居集》卷三十一，第376页）

腊月五日，在合州栖足，同合州守及友人、家人登钓鱼台，饯别，并赋诗。见此年注。

沿长江，至长寿登陆，抵达万州，宿夔州，夔州太守郭棐留饮。一路疲惫不堪，心念家人，归隐无策，感慨万千。

张佳胤《自合州舟至长寿登陆，抵万，惫甚，复舟下夔峡，赋此》："水行厌巴渝，总辔遵长寿。投万我马瘏，挂帆乃仍旧。蜀道诚危哉，歧途两难就。去去近夔门，铜云递回首。垂领白发亲，提抱黄口幼。岳炉失主人，酒徒散何骤。渔樵计已坚，冥心薄紫绶。乞骨事不谐，简书迫且又。君德高似天，勉效牛马走。下流恐难居，钟鸣岂待漏。便出袖中章，角崩九关扣。"（《居集》卷二，第87页）

张佳胤《席上别夔州郭太守》："系舟风雨固陵间，倾盖逢君好破颜。绮席寒光生积雪，画堂佳气满南山。"（《居集》卷十九，第265页）

张佳胤《郭使君守夔几五霜矣，荐章遗之，爰有此赠》，《居集》卷十九，第266页。

恩成修、刘德铨纂《道光夔州府志》卷二十三《秩官》"明知府"："郭棐，广东省番禺县进士，……以上万历中任。"（第313页，清道光七年刊本）。卷二十四《政绩》："郭棐，《旧志》：字笃周，广东番禺人，万历初以礼部郎中出守夔州府。"（第385页）

张佳胤《夜宿夔门，寄提学陈玉叔》："轻帆渐入楚天隅，绝塞怀人岁月徂。"（《居集》卷十九，第266页）

陈文烛《襄州得张中丞肖甫见怀之作，却寄》："君行犹畏简书迟，落日临风寄所知。巴水正开莲叶舫，巫山重听竹枝词。秣陵翠黛存千树，江左烟云接九疑。此去庙堂应曳履，肯容张翰老明时？"（《二酉园诗集》卷十，第364页）

万历四年（丙子，1576年），五十岁

人日，赴任南京途中，过荆州，拜赴曾省吾宅。时曾省吾将赴任北京，方归荆州家中省亲。作《时发荆州入郢中，柬曾中丞并其子司马三甫》，《郢中人日宴曾氏父子宅寿阳白中丞》，见第267页。

张佳胤《曾三甫平蜀召还司马，便归郢中省觐》："河流天汉接青山，故里看君建节还。……高台白雪人谁和，北斗朱旗春自闲。远近喧传中国相，征西司马入燕关。"（《居集》卷十九，第267页）

一月，在河南境内，迂道河南光州探望刘绘的妻子，但刘绘妻已先一个月卒。张佳胤在刘绘墓所守庐两日，方才离去。

张佳胤《中宪大夫重庆府知府嵩阳刘公暨配胡孺人墓志铭》："孺人……卒以万历乙亥十二月二日。……乙亥冬，某起家南卿，迂道走光黄，起居孺人，至则孺人先一月卒。某为文哭已，跃马南山下，作挽章，展先生墓，为之歔欷失声，信宿长公子玄庐所，然后去。"（《居集》卷四十五，第504页）

张佳胤《谒嵩阳先生墓》："苍苍春色暗松楸，酹酒泉台涕泗留。"（《居集》卷十九，第267页）

二月，方抵达南京。

张佳胤《与崔运长》："不谓去春起家，以今春二月始抵白下。"（《居集》卷五十六，第650页）

张佳胤《与龚侍御》："往年请告山中，奉母明农，聊以卒岁。不谓

去春起家，再乞不报，竟作勉出，遂名小草。今春始抵役南都。"（《居集》卷五十五，第 634 页）

春日在任上，病中。归返丘壑之意甚坚。

张佳胤《病中问余司成上书消息》："春光骀荡据梧身，雨后烟花伏枕新。五十天涯同病客，（自注：余与公俱五十），三千乡路未归人。恐君乞草终生角，问我除书类积薪。如此行藏俱莫论，可将容易视沉沦。"（《居集》卷十九，第 268 页）

"余有丁，字丙仲，浙江县人，进士。万历七年由太常寺卿管国子监祭酒事，升右侍郎兼翰林院侍读学士，历太子太保、礼部尚书，兼文渊阁大学士。"［（明）林尧俞等纂修，俞汝楫等编纂，《礼部志稿》卷四十二《历官表》"左右侍郎"，第 768 页，《四库全书》第 597 册］

张佳胤《寄赵大洲阁老》："去春起家再乞不报，只得勉出，……某意在丘壑，初任，且不敢言，俟异日图之，归从杖履，而老志愿毕矣。"（《居集》卷五十六，第 651 页）

张佳胤以南京鸿胪寺卿起家，至南京后，很快复光禄卿。

刘黄裳《行状》："乙亥，起南鸿胪卿，历光禄卿，升都察院右副都御史巡抚保定。"（《居集》卷六十五，第 728 页）

张佳胤《与蹇文塘金宪》："去腊起家，……弟以仲春抵役白下，守胪臣，无何，复承光禄之乏。"（《居集》卷五十六，第 655 页）

春，余有丁告假归里，追别江上不及。

张佳胤《送余司成丙仲请告还四明二首》之一："彩毫曾射汉天人（后注：公及第第三名），桃李新培壁水春。"（《居集》卷十九，第 273 页）

张佳胤《晨起追送余丙仲不及，江上怅然而成诗》："出戴寒星赋别离，帆樯先发竟安之？"（《居集》卷十九，第 273 页）

胡文学编《甬上耆旧诗》卷十八《太保余文敏公有丁》："与吴门申

公、娄江王公廷对，俱一甲三人并入。……初以南学士乞假归里。"（第344页，《四库全书》第1474册）

《明嘉靖四十一年进士题名碑录》"壬戌科"："赐进士及第第一甲三名"："徐时行，直隶苏州府吴县民籍。王锡爵，直隶苏州府太仓州民籍。余有丁，浙江宁波府鄞县民籍。"（《明清历科进士题名碑录》）

夏日，在南京官邸，曹务简稀，日焚香读经，自称发僧。

张佳胤《自鸿胪移光禄卿歌》："当年归作岷峨老，看山鼓腹蹲鸥好。恭承嘉惠旋抗章，君王不省陈情草。以兹起色三峡来，攒眉束带长安道。长安公府半台城，闲适无如大胪卿。垂老才为典属国，建节虚传开府名。署中万竹真吾友，碧玉空斋分左右。祖跣哪知夏日长，便长子孙亦非久。已而除目天上来，承乏叨登九列首。"（《居集》卷四，第109页）

张佳胤《与董李村中丞》："今春入白下，旧游凋谢，不觉为之感叹。栖迟闲局，藉吏为隐，南都之江山无恙，弟之意兴不减。……弟惟杜门焚香，读静者语，自称发僧，聊以自适。"（《居集》卷五十六，第654页）

张佳胤《与赵良弼中丞》："去春起家，以仲春单骑之任。曹务简稀，极与庸才相宜，日惟盥手焚香，读静者语，亦无异云卧时也。"（《居集》卷五十六，第655页）

在南京，得知在万历元年（1573）交付给宋有孚的《卢楠集》刻板被毁。参见万历元年条。

张佳胤《与石太仆拱辰》："《卢次楩集》，生梓完以付其中表宋有孚者。宋知天文，乃生门下人也。别具一书，以此刻托足下与少春，而生遂西还。岂知宋子无赖，闻毁生之序，而以版卖吴中人。盖小序中诵二公高义，而颇言卢之见憎于浚人，岂宋之意出此耶？殊可恨也。"（《居集》卷五十六，第650页）

宋有孚，浚县人。精通医理论，为卢楠的亲戚，亦是张佳胤的门生。

孟思《与蒋虹泉问病书》中提及"吾邑有宋有孚者，儒人也，大参宋公之孙，昔游吴下，精究医理，京师诸老屡试诊剂，咸以为能。"（《孟龙川文集》卷十二，第218页）

案：张佳胤出版卢楠集始末，参见本书作者论文《张佳胤出版卢楠〈蠛蠓集〉始末考》，发表于《文学与文化》2017年第1期。

八月，送洪从州山人还永嘉。

张佳胤《金陵送洪山人还永嘉二首》："秋高雁荡千峰待，路转仙槎八月还。"（《居集》卷十九，第270页）

重阳节，病中，脾胃大损，不能饮食，精神欠佳。石拱辰履任滁阳，有简来报，贺之。

张佳胤《丙子九日书怀》："休将留滞叹周南，经卷茶铛好自耽。节序深秋逢数九，宦情今日是朝三。高台江上寒无恙，短策尊前病不堪。寂寞东篱双剑隔，白云空老赤松庵。（自注：赤松，余新结庵也。）"（《居集》卷十九，第272页）赤松庵，参见万历二年注。

张佳胤《与石太仆拱辰》："比辱使翰病中授简以复，殊未尽中藏也。生体中近少差，但脾胃大损，不能饮食，日犹裹头密室，拥褐匡床，一亲图史，两目生花，中年之人精力顿异。……滁阳公署夙号神仙之府，生平生垂涎，竟不可得。……足下时坐醉翁，登琅琊，将无念一人在江东耶。"（《居集》卷五十六，第650页）

张佳胤《病中闻石拱辰太仆履任滁阳，遥有此寄》："帝命登君九列卿，环滁山色待干旄。……官寄马曹堪吏隐，病依牛渚傍秋生。"（《居集》卷十九，第272页）

冬，徐中行入计，张佳胤作诗寄答。

张佳胤《子與宪长入计走书相问寄答一首》："浮云钟阜倚崔嵬，计吏闽天拥传来。风力南溟羊角上，星辰北极凤城开。书飞白雪人千里，肠为青山日九回。此去柏梁高赐宴，赓歌谁似使君才。"（《居集》卷十

九，第 273 页）

徐中行《明故中宪大夫福建按察司副使雨楼陆公墓志铭》："万历丙子夏，……冬余以按察使入觐，丁丑转右布政使于江西。"（《天目先生集》卷十六，第 772 页）

十二月，张佳胤由南光禄晋保定巡抚。

张佳胤《刻荣哀录引》："不肖在万历丙子腊日由南光禄晋保定巡抚。"（《居集》卷五十，第 576 页）

十二月六日，母亲沈太恭人卒于铜梁。

陈以勤《皇明诰赠中宪大夫都察院右佥都御史南澥张公暨配封太恭人沈氏合葬墓志铭》："又□年，为万历丙子十二月六日，配沈太恭人卒，都宪君闻于官。"（四川师范大学博士学位论文，杨钊《杨慎研究——以文学为中心》"附论"中收录的《陈以勤〈皇明诰赠中宪大夫都察院右佥都御史南澥张公暨配封太恭人沈氏合葬墓志铭〉考释》，第 262 页。）

张佳胤《光禄大夫柱国少傅兼太子太师吏部尚书武英殿大学士赠太保谥文端陈公行状》："丙子之春，先慈见背。"（《居集》卷四十九，第 567 页）

案：此处张佳胤书写时间有误。

万历五年（丁丑，1577 年），五十一岁

上元节，渡江而北，张佳胤母讣告至，即奔走恸哭，归家赴丧。

张佳胤《刻荣哀录引》："不肖在万历丙子腊日由南光禄晋保定巡抚，至丁丑上元渡江而北，忽闻先太恭人之讣，呼天恸毁，濒死者数。"（《居集》卷五丨，第 576 页）

归家途中，过西安，曾止宿于董世彦官邸。时董世彦以右副都御史巡抚陕西，参见万历三年条。

张佳胤《祭董总制子才文》："忆在丁丑，见背我母。祖被西奔，与公把手。长安夜话，东白生牖。"（《居集》卷六十四，第718页）

三月初，抵达铜梁。

张佳胤《与甘汇甫宪副》："先慈讣音亦复相闻，祖被西归，恨不即死。三月抵庐。"（《居集》卷五十五，第641页）

罗国华约会渝州，亲柩在庐，未赴。

张佳胤《罗国华中丞将入夔，子候代走书山中，约会渝州，余亲柩在庐，未敢他往，答以二诗》，见《居集》卷十九，第274页。罗国华，不详。

十二月二十日，将母亲与父亲合葬于铜梁飞凤山。墓志为吏部尚书陈以勤撰文、兵部右侍郎曾省吾篆盖、王世贞书丹，见陈以勤《皇明诰赠中宪大夫都察院右佥都御使南溪张公暨配封太恭人沈氏合葬墓志铭》，杨钊著《杨慎研究——以文学为中心》，第262页。

张佳胤《光禄大夫柱国少傅兼太子太师吏部尚书武英殿大学士赠太保谥文端陈公行状》："丙子之春，先慈见背，佳胤奔归，以志铭请公，欣然命笔。"（《居集》卷四十九，第567页）

万历六年（戊寅，1578年），五十二岁

人日，为兄祝寿。

张佳胤《人日为凫墩伯兄览揆之辰赋诗奉祝》："烟花先发早春前，歌舞江山照四筵。得七难逢人作日，与三且受帝分年。"（《居集》卷十九，第276页）

案：此诗未写具体年份，从前后诗的顺序，当作于居家丁忧之时，姑置于此。

是年，作《张侯嘉禾瑞应册序》。

张佳胤《张侯嘉禾瑞应册序》："万历戊寅，朱明改序。……惟是我侯，惠利元元。虽任甫半载，而德覆万姓。"（《居集》卷三十，第361页）

张侯，即张文耀，楚沅陵人，在万历六年（1578）仲春二月时来铜梁任知县，万历七年（1579）孟夏调任巴县知县。

《光绪铜梁县志》卷五《职官志》"知县"条："张文耀，沅陵进士，万历间任。"

张佳胤《明铜梁县知县芝阳张公生祠记》："万历丁丑属，余庐居山中，越明年仲春，楚沅陵张公以进士领铜梁令至，又明年孟夏，公用治行高第调巴县。屈指而计，公治吾邑者裁十有四月尔。"（《居集》卷三十八，第440页）

与友人朱孟震太守、胡石屏中丞等人畅游山水。

张佳胤《宋主簿五山招游波崙寺，同胡石屏中丞、苏木庵光禄》，见《居集》卷二十，第277页。宋主簿，不详。

《光绪铜梁县志》卷一《地理志》"山川"："波仑寺，在城东二里，为旧治八景之一，后有月宫山，上有波仑古刹。"

张佳胤《苏光禄招遊流杯池同胡石屏中丞赋并次其韵》："浮觞千古兰亭事，鼓枻三春刻曲舟。"（《居集》卷二十，第277页）

"流杯池，王《志》云：在飞雪岩上。溪中有平石丈余，宋淳熙间状元冯时行修。层阁于崖畔复于溪石上凿九曲池，引水流觞，以资胜览。明大学士王应熊、巡按詹朝用等重游于此，复继流风。今阁杯池犹存。"（《民国巴县志》卷三"古迹"，第106页，朱之洪等修，向楚等纂，《四川府县志辑》第6册）

《光绪铜梁县志》《人物志二》"名贤"："胡尧臣，嘉靖戊戌进士，授大理评事，升浙江金事，迁副使，历浙江布政使。……终河南巡抚。居乡谨厚，有典则，人称石壁先生。"

张佳胤《贺大中丞石屏胡公七十寿序》："今上四年，大中丞安居胡公春秋七十矣。姻家苏木庵光禄绍介而抵某，乞一言以寿公。……然先大夫少与公友善，某则父执事公者。"（《居集》卷三十一，第373页）苏木庵光禄与胡尧臣为姻亲关系。

春日，与朱孟震等友人游重庆巴县五福宫、治平寺等地，登涂山。作《朱明宏太守丁文渊别驾饯余五福宫》《宿治平禅院主僧病甚而拳拳欲得余书走笔问之》《任按察宴余治平寺》《登涂山柬朱太守》《朱丁二府君招饮治平寺》，见《居集》第278—279页。

《民国巴县志》卷三"古迹"："王《志》云：,治平寺，在治北，送治平间建。""五福宫，……王《志》云：在治西北隅，创建无考。明末寺圮。康熙庚辰总兵韩成重修。""禹王祠涂后祠，《华阳国志》云：涂山有禹王祠及涂后祠。"（朱之洪等修，向楚等纂，《四川府县志辑》第6册，第101—102页）

案：朱孟震于万历六年七夕左右离开重庆，万历五年春张佳胤刚守丧庐居，故将巴县游玩的时间置于此年。

七夕，朱孟震将赴河南按察副使任，遣书言别。张佳胤《朱秉器宪副将之大梁，遣书山中言别，适当七夕，感而赋谢》："小结溪居竹万竿，鱼书忽报下江湍。开缄已带中嵩气，倚杖遥从北斗看。片片孤云随雁落，盈盈一水傍秋寒。莫将此夜悲牛女，一面人间转自难。"（居集》卷二十，第280页）

《明神宗显皇帝实录》卷七十四"万历六年四月"条："升四川重庆府知府朱孟震为河南兵备副使。"

十月十三日，徐中行卒。

俞允文《天目徐公诔并序》："（徐中行）万历六年冬十月十三日得

暴疾，卒于位。"（《天目先生集》卷二十一"附录"）

十二月，董世彦卒，时在总督陕西三边军务任上。

张佳胤《祭董总制子才文》："余方庐居，公制三边。余果起秦，公则弃捐。"张佳胤抚秦时，董世彦捐馆。（《居集》卷六十四，第718页）

《明神宗显皇帝实录》卷八十二"万历六年十二月"条："给原任总督陕西三边军务兵部右侍郎兼都察院右佥都御史董世彦祭葬。世彦立有边功，照考满例与之。"

万历七年（己卯，1579年），五十三岁

春夕，与友人登铜梁计都山，课诸儿。

张佳胤《春夕同诸友登计都山寺课诸儿得都字》："当时此地龙曾卧，雷雨逢春试一呼。"（《居集》卷二十，第279页）

庐居在家，出资修建家乡望仙楼。

张佳胤《重修望仙楼记》："万历己卯，……余乃施财粟而耆民田伟乐成是举，遂一以属之。庀材募工，筹计当而制作精，凡越三阅月而工迄。……计费钱五十缗有奇。"（《居集》卷三十八，第442页）

《光绪铜梁县志》卷一《地理志》"古迹"："望仙楼，在县西望仙门外。一峰孤削，楼踞其巅。为县治八景之一。今废，仅存数础。"

在铜梁巴岳山修建岳麓道院。道院中有三楹小阁，名芙蓉阁。有无漏池，池上建三楹小阁，名香山。并作诗、文以记之。

张佳胤《创修岳麓道院记》："今五十又四，变化密移，不复孩孺。……因广发信愿，托迹名山，卜寺右偏，得拘楼舍一区，施钱百缗、粟三十钟。工材既饬，有内沙门星颜、会章者，咸发欢喜，乐趋斯役。于木莲花树左，竖阁三楹，名芙蓉阁。引树下玉板泉注阁前方池中，名

无漏池，池上堂三楹，名香山，拟缭垣屏门，摹仪小具，总名曰岳麓道院。凡再阅岁，工程圆满，两沙门者五体投地，启请作记。……是院据巴岳最胜地，举目山河，种种成色。"（《居集》卷三十八，第441页）

案：文中"今五十又四"，张佳胤万历八年（1580）五十四岁，但是张佳胤在万历七年（1579）冬季既起家宣府，万历八年（1580）一直身在宣府。又"凡再阅岁"之语，因此，修建岳麓道院应在万历六、七年，道院建成。

张佳胤《余于巴岳山木莲树左修岳麓道院，引玉板泉为池，落成是夜，宿芙蓉阁偶赋》："浮生最爱物情闲，选胜为楼漫自攀。牛斗平临孤枕上，芙蓉高并紫霄间。泉分石径心常在，月转松窗夜不关。凿得龙门成履道，逢人倘许似香山。"（《居集》卷二十，第284页）

《光绪铜梁县志》卷四《学校志》"乡学"："岳麓书院在巴岳山阴，尚书张佳允买地筑室，割田为馆，穀经，明季兵燹，灰烬无存。"

夏，铜梁县令张文耀改巴县令，张佳胤已收到起家的诏令。

张佳胤《送邑侯芝阳张公改令巴县序》："不佞庐居久，近始起家，犹然山中人。"（《居集》卷三十五，第414页）

张芝阳在此年七月赴巴县任，见万历六年条。

秋七月，作《魏顺甫云山堂集序》，魏裳已于万历二年（1574）卒。

案：此序有两个版本，一为收录于张佳胤《居来山房集》，一为收录于魏裳《云山堂集》（前序）。两个版本有两个矛盾处：一，《居集》中未明言具体写作时间，而《云山堂集》收录的张佳胤序中言："万历己卯秋七月既望，铜梁同年友人张佳胤肖甫撰"；二，《居集》中《魏顺甫云山堂稿序》言"先生平生著有《云山堂稿》六卷，长公文可来丞叙郡，授梓成帙，介使上谷，以问序于不佞。不佞卒业一过而叹。"（《居集》卷三十五，第413页）。《云山堂集》中收录的张佳胤《魏顺甫云山堂稿序》中将"上谷"改成了"山中"，其余文字未变。文中有"子舆近复捐馆"之语。而《云山堂集》中亦收录了陈宗虞所撰《魏顺甫先生诗文叙》，所作时间在“万历七年中秋日，巴西友人陈宗虞于韶甫顿首撰。”（魏裳《云山堂集》前序，《四库全书存目丛书》集部第 121 册）张佳胤起家上谷的时间在万历七年（1579）年底，而到达上谷则在万历八年（1580）春天，此处姑与陈宗虞的写作时间一致，采纳《云山堂集》中张佳胤序的“万历七年秋七月既望”，时张佳胤尚在家乡铜梁。

　　魏裳，字顺甫，蒲圻人，嘉靖庚戌进士，与张佳胤为同年，王世贞曾列张佳胤、余曰德、张九一、魏裳为“四甫”。王世贞《祭魏顺甫宪副文》：“彼新蔡之锋距，若铜梁之膏乳，立以豫章之骨，君（魏裳）后参而称四甫。”（《弇四》卷一百五，第 663 页）王世贞《艺苑卮言》另有“三甫”之说，未录魏裳。《艺苑卮言》卷七：“自是吾党有‘三甫’，肖甫之雄爽流畅，助甫之奇秀超诣，德甫之精严稳称，皆吾所不及也。”（第 118 页）“三甫”指张佳胤、余曰德、张九一；《明史·文苑传三》中又将魏裳列入“后五子”：“后五子则南昌余曰德、蒲圻魏裳、歙汪道昆、铜梁张佳胤、新蔡张九一也。”（《明史》卷二百八十七，第 7381 页）

　　王世贞《魏顺甫传》中：“余少于顺甫七岁，……（顺甫）得年五十六。”（《弇四》卷八十二，第 360 页）则魏裳在王世贞四十九岁时卒，时在万历二年（1574）。

张卤为张佳胤母亲撰写诔文，此文未收录在《浒东先生文集》中。

　　张佳胤《与张中丞浒东》：“前岁滑人还，曾具书币以谢，不审达记室否。不肖孤……庐居山中，往所示慰言，与先慈名诔，声声成楚，字字切肝。”（《居集》五十五，第 643 页）

　　张卤《答中丞张崌崃》：“前弟所撰奠告伯母之文。”（《浒东先生文集》卷九，第 428 页）

　　从邑人胡石屏处得知旧友张卤的父亲即是曾在正德十四年（1519）出任四川宪使的张原明，其时张佳胤父亲张文锦在铜梁曾以“文字”和才学受到张复明的期许，并纳于门下。而此前张佳胤与张卤虽有交情，

却始终不知有这种家世渊源。

张佳胤《与张中丞浒东》："近于胡石屏中丞所谈及先大父按察敝省，时摄督学事，行部敝邑，校诸生。先君以文字为先大父期许甚重，乃先君竟不第，深负先大父期望也。不肖孤从发燥时每闻先君云，平生知遇无如张兵公。不肖孤知所谓张兵公熟矣，而竟不知为先大父。即往与兄翁握手时，亦未及此。若非石屏公，则终身懵懵已矣。由此言之，则不肖孤受剪拂非偶然者。"（《居集》五十五，第643页）

张佳胤《不佞某与仪封浒东张公交十五年矣，每念先大夫南溪府君平生所诵说张先生恩义者，乃不知即若翁太公也，前岁盖始得闻里中长老胡石屏中丞云。时公其抚中山，不佞某起抚上谷。遂走笔写三百二十字抒情道故，感旧怀心，工拙何计哉》，见《居集》卷十一，第186页。

张卤有《答中丞张崛嵝》的复信："至于伯翁受知于先公，先公与全蜀之士必以伯翁为罪，以为不虚入蜀之行者，独于斯人见之。弟自孩童时，能记识姓字，即朝夕于先公膝下闻之耳熟，然苦不知所谓铜梁公即为伯翁，亦犹仁兄熟闻于伯翁之前所谓张兵公者不知为先公也，使非贵乡胡屏翁指示详悉，则吾兄弟终归于不知。"（《浒东先生文集》，第428页）

案：张卤的祖父张原明，字孟复，河南仪封人，正德六年（1511）进士，授刑部主事，在正德十六年（1521）至嘉靖三年（1524）出任四川按察副使。期间，对张佳胤之父南溪公欣赏备至，称不虚入蜀之行。嘉靖四年（1525），改任甘肃行太仆寺卿，寻晋陕西右布政使。

"原明，字孟复，仪封人。正德六年进士，授刑部主事，清严明慎，江彬、钱宁尝以事谒原明，悉峻却，彬、宁衔之。毅皇南巡，众情汹汹，原明与郎中陆俸等合疏入谏，意指近幸蛊惑。上怒，罚跽门五日，杖三十，夺俸六月。及彬、宁事败，原明补四川按察副使。世庙嗣位，旌其忠，加正三品俸，后迁陕西左布政，以疾乞休，诏进光禄寺卿。孙卤另有传。"〔（明）孙奇逢《中州人物考》卷四《清直》"张光禄原明"条，第100页〕

张卤《诰封太恭人先妣雷氏行述》："正德辛巳先大夫以刑部郎迁四

川宪使，……嘉靖癸未夏，……不肖卤生，……大夫自蜀归，视其四年间出入盈缩。……丙申，先大父致政归，戊戌即寝疾，壬寅夏五月疾愈，……是月二十九，先大父卒。"（《浒东先生文集》卷十二，第465页）

（清）纪黄中等纂修《民国仪封县志》卷十"人物志"："张原明，字孟复，……（正德）辛巳晋四川按察副使，……任蜀四年。……乙酉升甘肃行太仆寺卿，寻晋陕西右布政使。"（第463页）

六月，守丧期满，起家巡抚陕西。未及赴任，旋改巡抚宣府。宣府，即今河北宣化，今隶属张家口市，为明朝重要的边关重镇。

《明神宗显皇帝实录卷》之八十八"万历七年六月"条："命原任保定巡抚右副都御史张佳胤以原官巡抚陕西。"

《明神宗显皇帝实录》卷九十"万历七年八月"条："命巡抚陕西张佳胤以原职巡抚宣府。"

《光绪铜梁县志》卷十五《附刻》收录《明万历七年赐奖宣府巡抚张佳允敕制》："朕维盛世之治，守在四夷。而明试之功，成于屡省。顷者房虽内附，尤切豫防。惟尔具文武之长，才宜经纶之伟略。声色不动，定乱于指顾之间。威信丕彰，折冲于谈笑之顷。徼外壮莱公锁钥，胸中富范老甲兵。八事之绸缪，每勤于桑土。三陲之保障，允固于金汤。按臣覼上阀书，朝议请加优赉，仍赐奖敕，用酬尔庸。于戏！吉甫归镐，聿崇饮至之勋。南仲城方，克底于襄之绩，尚遵新命，益展壮猷。"

刘黄裳《行状》："己卯，服阕起，抚陕西，旋改抚宣府。"（《居集》卷六十五，第728页）

《明史》卷二百二十二"张佳胤"："万历七年起故官，巡抚陕西。未上，改宣府。"（第5858页）

张佳胤《与山阴王元峰》："初有秦命，业已草疏，既得上谷之报。"（《居集》卷五十六，第647页）。上谷，宣府的古称。

秋冬之际，赴任宣府。

张佳胤《湖广武昌县儒学训导少龙谭公墓志铭》："己卯冬，余起抚上谷，公（谭思）觞于郊。"（《居集》卷四十四，第 497 页）

秋，过四川阆中，夜访同年旧友陈宗虞。

张佳胤《起家上谷，行经阆中，夜访陈于韶，即席赋别，得州字》："九年四改中丞节，三度逢君古阆州。老眼见时青乍出，颠毛别后白同收。名高曲径藏丘壑，兴到深杯过斗牛。莫向书生歌出塞，边城无事觅封侯。"（《居集》卷二十，第 284 页）

张佳胤《夜集陈于韶宅，即席赋别得灵字》："三径风云护锦屏，鹤书深负草堂灵。中年自觉多歧路，落日相逢忍独醒。江上真人余紫气，霜前秋色傍青萍。悬知太史占天象，此夜陈家聚德星。"（《居集》卷二十，第 284 页）

万历八年（庚辰，1580 年），五十四岁

曾醒吾升工部尚书。

《明纲鉴》卷六十七："万历八年春正月，起前南京都御使曾省吾为工部尚书。"（第 2379 页）

河北宣府，设计降服边虏。

《明史》卷二百二十二"张佳胤"："时青把都已服，其弟满五大犹桀骜，所部八赖掠塞外史、车二部，总兵官麻锦擒之。佳胤命锦缚八赖将斩，而身驰赦之，八赖叩头誓不敢犯边。后与总督郑洛计服满五大。"（第 5858 页）

刘黄裳《行状》："庚辰二月，□驾祀山陵，虏酋满五大拥铁骑六百溃独石栅。公出兵生得小酋八赖者，满酋卑词求宥八赖。公谓大将军麻锦曰：'不杀八赖，非威也。杀之，衅，以失诸酋心。将军阵而缚八赖，声以斩首，鼓之。余驰救，则威张而酋德我也。'麻将军曰：'善，如

命。'诸酋色如土，抱八赖泣，叩首曰：'非张太师不能生。刑牲血誓，不敢饮马城窟。'"（《居集》卷六十五，第 728 页）

应友朋之征，收集在宣府所作诗文若干篇，刻集《上谷稿》，并作序。

张佳胤《刻上谷稿自叙》："己卯夏，甫荐禫，起家三秦，已又移上谷。朋旧相征，勉以应之，遂得诗文若干篇。未尝敢以视人也。今夏晋右司马金宪刘静轩、刘两峰二大夫则请梓不佞稿，顾多散漫赫蹄间，且不欲以灾木也。二大夫则又曰：'梓全稿，诚未易办，请以梓上谷者。'不佞孙谢不获，属书记者录出，因所得者为次。"（《居集》卷三十五，第 418 页）

十一月，同乡友人谭思卒。

张佳胤《湖光武昌县儒学训导少龙谭公墓志铭》："公生正德庚午正月二十一日亥时，卒于万历庚辰十一月十四日辰时，享年七十有一。"（《居集》卷四十四，第 498 页）并参见隆庆六年条注。

脱一齿，叹年岁忽忽五十四矣，写诗自嘲。

张佳胤《予去岁脱一左齿，因读郑范溪纪齿落诗，先得我心哉。遂和其韵，以资抚掌》："忽忽五十四，希心此天逸。"（《居集》卷二，第 89 页）

王敬美入京，乞休归苏州，张佳胤作诗慰问。时王世贞称病里居家中，束身奉道。

张佳胤《王敬美宪副入计乞归吴中兼呈元美》："使者公车入上都，何因投劾便归吴？体中似是烟霞疾，袖里长留海岳图。吾党浮云垂老尽，世途青眼向人孤。五湖兄弟相推长，始信贤哉二大夫。"（《居集》卷二十，第 285 页）

王敬美《题群真图后》："万历庚辰，余朝京师，卧病乞休，颇斋心

习静，为出世之学，其时未知余兄受记昙阳仙师也。会疏上不允，仅赐休沐。"（王敬美《奉常集》文部卷四十九，第707页）

王世贞《吴汝震》："庚辰岁首，仆以倦一切，称病弇园。至孟冬朔，复弃弇园，携瓢笠及佛道书数卷入白莲精舍。"（《弇续》卷一百八十三，第622页）

王世贞《李仲吉》："庚辰岁首，藉灵真警诱，少知创悟，决策屏家累，绝世情，束身入观。然仅得作一焚诵道人而已。"（《弇续》卷一百八十三，第621页）

万历九年（辛巳，1581年），五十五岁

春，作七律《辛巳元日》，有"岩栖何意再行边，无奈徵书下蜀川"句（《居集》卷二十一，第293页），感慨当年赴召事。

在宣府，修城墙。

王世贞《行状》："修南山边墙（长城）万六千九百四十赤，功倍而费省，复娄赐金帛，入为兵部右侍郎。"（《居集》卷六十五，第739页）

元宵节，在郑洛府邸宴集。

张佳胤《元夕郑制府宴集是夜微雪》："军城箫鼓入云霄，指点星桥路不遥。风起春鸿人共语，花开火树雪同飘。"（《居集》卷二十一，第293页）

三月，满五大又犯边，与总督郑洛设计降服，虏退。入为兵部右侍郎。

《明史》卷二百二十二"张佳胤"："后与总督郑洛计服满五大，入为兵部右侍郎。"（第5858页）

刘黄裳《行状》："明年，满酋复挟赏。公下令有自增一饼一肉者斩。虏退，满酋怀愤。……虏侦闻公治兵，尽相归怨。……以誓还所掠

人畜。……上曰：今岁处置虏情，劳绩茂著，倍锡金币。寻转内少司马。"（《居集》卷六十五，第 728 页）

张佳胤《大司马大总制范溪郑公制虏图序》："己卯秋，范溪郑公用左司马领三镇节钺以总师来。庚辰八月，满酋阴令部长八赖掠属夷，……今年三月，（满五大）自拥精骑千余，要独石金帛。"（《居集》卷三十六，第 422 页）

郑洛，字禹秀，号范溪。安肃遂城（今河北省徐水县遂城）人，嘉靖三十五年（1556）进士，官至少保兼太子太保、兵部尚书兼右都御史，卒赠太保，谥号"襄敏"。郑洛于万历七年（1579）任宣大山西总督，处理与蒙古互市贸易事宜。《明史》卷二百二十二"郑洛传"，第 5850 页。

作《大司马大总制范溪郑公制虏图序》，详细记叙郑洛制服边酋的过程，见《居集》卷三十六，第 422 页。

友人洪从周过从，并为其题词。

张佳胤《洪山人手卷题词》："今年，余为魏使者，山人思大行，乃踰燕赵抵邢襄，就余而登焉。"（《居集》卷五十，第 570 页）

万历十年（壬午，1582 年），五十六岁

二月初十，其六子叔珠夭亡，仅一岁。时张佳胤在兵部侍郎任上，不能返儿柩于蜀，仅葬于营地，作墓碣以哀之。

张佳胤《亡儿慈哥张六郎墓碣》："余四川铜梁县人，侧室火氏于万历辛巳二月初一日亥时举一子，行六孩，而名之曰慈哥，讳叔珠。……今年二月初一日忽患痘，越十日夭死，仅期耳。余时任兵部右侍郎，不能返儿柩于蜀道。"（《居集》卷五十，第 578 页）

三月庚申，杭州兵变。张佳胤方召入为兵部右侍郎，张居正以其才

荐之。四月，张佳胤兼右佥都御史，巡抚浙江讨之。

《明通鉴》卷六十七："（神宗万历十年），时巡抚宣大张佳胤，方召入为兵部右侍郎，张居正以其才，荐之代善言。丁卯，以佳胤兼右佥都御史，巡抚浙江讨之。"（第2396页）

《明史》本纪第二十《神宗一》："（万历）十年三月庚申，杭州兵变，执巡抚吴善言。丁卯，兵部侍郎张佳胤巡抚浙江，讨定之。"（第267页）

王世贞《张司马定浙二乱志》："万历十年之四月，兵部右侍郎铜梁张公肖甫兼右佥都御史来视浙师。"（《弇续》卷一百四十一，第70页）

张佳胤《雪庵昺禅师塔铭》："壬午夏，余以右司马出抚两浙。"（《居集》卷四十五，第509页）

《明史》卷二百二十二"张佳胤"："十年春，浙江巡抚吴善言奉诏减月饷。东、西二营兵马文英、刘廷用等搆党大躁，缚殴善言。张居正以佳胤才，令兼右佥都御史代善言。甫入境，而杭民以行保甲故，亦乱。佳胤问告者曰：'乱兵与乱民合乎？'曰：'未也。'佳胤喜曰：'速驱之，尚可离而二也。'既至，民剽益甚。佳胤从数卒佯问民所苦，下令除之。众益张，夜掠巨室，火光烛天。佳胤召游击徐景星喻二营兵，令讨乱民自赎。擒百五十人，斩其三之一。乃佯召文英、廷用，予冠带，而密属景星捕七人，并文英、廷用斩之，二乱悉定。帝优诏褒美。寻以左侍郎还部，录功，加右都御史。"（第5858页）

《光绪铜梁县志》卷十五《附刻》收录《明万历十年十二月封浙江巡抚张佳允诰命》："朕震祥协庆，焕号敷恩，眷少司马之崇，赞勷九伐，兼大中丞之重，绥靖一方，克建勋庸，宜颁宠数尔。提督军务，巡抚浙江兵部右侍郎兼都察院右佥都御史张佳允，粹衷雅度，伟略长才，脱颖名封，蜚英部署，藩臬功高于屏翰，寺卿望重于严廊。俾开府以守留畿，复移节而制重镇，召副枢垣之政，使宏帷幄之筹。属浙中骚动三军，而阙下计安，一路特膺诏简，驰代兵符。卒能靖乱解纷，俄顷定器呼之众。宣威布德，从容安反侧之心。文武兼资，安危可寄。阅书将上恩渥，适覃仍授尔阶通议大夫，锡之诰命。于戏！裴度方赴行营，蔡人心服。韩琦暂为招讨，夏寇胆在。昔美谈在，今重靓尚，愍远图而善后期，收宏烈以光前钦哉！"

张佳胤从京师只身前往浙江，并遣其妻子归家。

张佳胤《与王元美》："弟媳去冬已至广陵，复命之改陆而归，冒雪冒险，间关万里，弟非人哉！诚惧来浙，万一举事，生他不测，弟以一身当之，又奈何累及妻子辈。作官如此安排，弟之心良苦矣。"（《居集》卷五十七，第664页）

曾在江苏镇江稍驻，并约王世贞会面，询问平定叛军的良策。时王世贞被言官弹劾，正里居在家，不便多言事，只回复一信。兼访时里居在家的陆光祖，问策。

王世贞《墓志铭》："公驰至京口，约余出会，余方称道民，谢不能出。公谓若何而可，予谓不僇则废法，多僇则生变。惟以时缓急，得其魁而已。公颔之。时陆舆绳以少司空里居，公过之，谋与余合。"（《居集》卷六十五，第739页）

王世贞《答张司马》："伏承谦光下问弟，既深肺腑之爱，且虞肤剥之灾，苟有一得，岂敢自秘。第下邑去钱唐十舍许，传闻异辞难以遥度，鄙意窃谓此曹虽弄制帅股掌间，然其时不挟尺刃，不行剽杀，人必有宿黠为之指使，意似尚觊收拾，庙议所云云似已得之，吾兄宜密访首恶三四人，即为处置，此外略分等第行遣，或发总戎所，小加惩创，当自帖服。所虑一众窟宅，久在钱塘，左右前后，多其密戚死友，缓则迳漏消息，或因而缘饰诪张，别蘖祸端。又闻前者作剧后，各汛地戍卒俱至近郊，谋为应援，不审其事有无。有之，则更可虑也。傅明州有夷舶，果尔使之效力自赎，功成肆赦，亦是一机。兄所云比之安庆诚难，然以营平之老成，汾阳之宽大，威望既重，福德亦深，潜运默消，当有不动声色而安若泰山者。弟素乏远识，且自入园来，于世事一切遗落，何能仰益高厚？舆绳兄想当奉为倾倒，亦望兄从容讽其解散，僧会可也。吴中丞长者，不宜有此气数，适然耳。吾兄素

存厚道，无俟喋喋，湖山高会，似非时所喜，在兄政不必尔，盖可借以示暇，适安众心也。"（《弇续》卷一百八十四，第631页）

王世贞作《张肖甫司马特膺简命督抚全浙，赋此赠之，得二首》以赠之。

其一："亲捧兵符下九霄，风旗猎猎马萧萧。度辽大将仍持节，横海诸军不得骄。见有副车回塞柳，可烦强弩射江潮。经行总是甘棠地，早晚追锋趣入朝。"

其二："脱巾愁听自钱塘，推毂欣闻出建章。六传忽从周太尉，举军争□郭汾阳。温言纩挟三冬日，肃令锋回九夏霜，飞捷不妨清夜报，宵衣天顾正南荒。"（《弇续》卷十六，第204页）

在浙，剪除首恶，宽赦兵卒。

王世贞《贺御史大夫兼左司马崛嵝张公平难峻迁序》："往浙师之暴伉而辱其师也，天子乃命铜梁张公督抚。……公于是亟乘传往，甫至境，而市人亡赖子习于师，暴伉之利而师之软，度无奈我何。则相与啸聚，竿旗挺刃为不义。公闻而亟驱之，榜约以法，不听。则单车喻以利害，则姑阳听。而其□刘益急，焚剿自甲夜达于旦。时悍卒已前发，有事海汛，而余一军犹在。公乃密致其豪杰，赦之。俾贾勇以掩诸亡赖，凡数合而悉破，擒其首恶五十余人诛之，余一切纵舍。郡中外皆帖服，而悍卒犹人人自疑祸及。公雅大度豁然，若弗问也者，而第具所诛市民状以闻。"（《弇续》卷二十八，第376页）

上疏，针砭当局者奉行法治严苛，导致兵变，天子优诏褒美。

王世贞《墓志铭》："公具疏以闻，且谓迩来有司奉行太过，裁削太甚，徒务虚名，不究实祸，以至远近离心，乘机窃发，始而兵变，继而民变，诚见人心不固，戎首易生。若非仰藉明威，申饬法度，其接踵挟持，不知所终。盖阴以讽江陵公也。江陵虽忮，而为之少宽。言于上，优诏褒美，答以公奋身犯难，定变俄顷，纪纲大振，忠绩卓异，赐飞鱼

服，金二镒，文绮四表里。是岁以追录宣府功，又以考三载绩，后先录一子，补胄子。"（《居集》卷六十五，第 740 页）

六月，张居正卒。卒前，荐曾省吾等可大用。十月，加曾省吾为太子太保。同年十二月，曾省吾被论、致仕。

《明通鉴》卷六十七："（神宗万历十年），六月丙午，张居正卒。"（第 2398 页）

《明通鉴》卷六十七："（神宗万历十年），先是张居正将卒，……复荐尚书徐学谟、曾省吾、张学颜、侍郎王篆等可大用。……省吾皆加太子太保。"（第 2400 页）

《明通鉴》卷六十七："（神宗万历十年），是月（十二月），御史江东之发冯宝、徐爵奸，……工部尚书曾省吾、侍郎王篆皆被论。篆斥为民，梦龙、省吾皆致仕。"（第 2402 页）

万历十一年（癸未，1583 年），五十七岁

春，发兵哨海，诛杀恶首，防汛海上。

张佳胤《与王季孺翰吉》："今春，戎首伏诛，修汛海上。……拟入京……，不谓复有蓟门之役。"（《居集》卷五十七，第 667 页）

王世贞《贺御史大夫兼左司马崌崃张公平难峻迁序》："亡何，岛夷来犯，公励楼船将军逆击败之，赐金如前，文绮三。"（《弇续》卷二十八，第 376 页）

王世贞《与王元美》："首恶营兵于此月初三日斩以狗矣，知足下悬念，亦欲走报，而马校则云太仓已闻此事。弟积虑一年，而后从事，固始才庸，亦宁缓而求全之意。"（《居集》卷五十七，第 664 页）

闰二月，徐阶卒。王世贞为作行状《明特进光禄大夫柱国少师兼太子太师吏部尚书建极殿大学士赠太师谥文贞存斋徐公行状》，见《弇续》

卷一百三十六，第 1 页。

　　春，王世贞里居，有微恙，瘦甚，然时时关切张佳胤平叛乱军的进展，张佳胤多与之飞书往还，整个戡乱过程，王世贞亦"颇悉此事"。张佳胤拜请王世贞为之作记，王世贞扶病为作《张司马定浙二乱志》，详述张佳胤戡乱始末，见《弇州续稿》卷一百四十一，第 70 页。张佳胤拜诵，并劝其"谢笔墨"，约定秋天访弇园。

　　王世贞《墓志铭》："是时，余里居，颇悉其事，为志之。"（《居集》卷六十五，第 740 页）

　　张佳胤《与王元美》："弟修汛事于明州，抵绍兴，而马舍与承差并扫，得领大作，微劳何足言。只高文不易得，前读手札，许以托七寸管，故弟子乃上请。不然，兄坐精庐屏虑时，何得以此事扰扰也！又闻兄小恙中，犹能为弟扶体成稿，弟之感尤不浅。敬美书来，忧兄持斋拜诵为劳，而复苦于文债，意欲泣请兄自今谢笔墨。弟窃谓此事自天机也。……若不归豫章，秋初可出境，不则八月矣。访戴之兴，处心久矣。但得共二龙一语，不在酒也。"（《居集》五十七，第 664 页）

　　张佳胤《与王敬美》："书来始闻令兄小恙，清养之极，风露微侵，何患焉！……令兄扶病为弟作记，感何可言？兄欲令兄断笔墨，良是。……又谓令兄瘦甚，山泽之臞政当如此。弟求瘦而不得，奈何！弟代期多属，仲秋安能不扁舟过从。"（《居集》卷五十七，第 664 页）

　　王世贞《贺御史大夫兼左司马崌崃张公平难峻迁序》："公之出治浙，则数使使相闻。不佞既急公，而家邻浙，有唇齿之忧，以故数询问，得其事独详。盖夜恬然而枕，晨跃然而笔之篇，以为〈张司马平浙二乱志〉。扃之笥而失之，后知为浙之士人所梓集，以备太史公之副。至是公之属都运牧守而下若干人，以天子之所宠灵公，与公之所以报天子，其遇合为甚难。公不动声色而坐扫腹心之疾，措全浙于袵席，其功为甚巨，非不佞不能悉公，与当公意。盛夏走使五百里，布币授简，起不佞于疾，而强之言，不佞即有言焉，能果当公意也？"（《弇续》卷二十八，第 376 页）

春中，王世贞病情加重，药饵不离口。

王世贞《吴明卿》："仆自正朔为儿辈举屠苏毕，即足下六帙觞耿耿胸臆矣。而会病羸，至春中而剧，药饵不离口。"（《弇续》卷一百九十二，第736页）

八月，召拜左侍郎。九月，加右都御史。

《明神宗显皇帝实录》卷一百四十"万历十一年八月"条："户部覆浙江抚按张佳胤、张文熙各□言浙省徭役条鞭之法，刻成《均平录》，经久可行。近编经制书裁削太过，以致酿变。兵民自万历十一年为始，每年派银四十四万九千五百三十一两，零以《均平录》为准，永为遵守。从之。"

《明神宗显皇帝实录》卷一百四十"万历十一年八月"条："升张佳胤为兵部尚书协理京营戎政。"

《明神宗显皇帝实录》卷一百四十一"万历十一年九月"条："协理戎政兵部尚书张佳胤兼右副都，总督蓟辽。"

王世贞《墓志铭》："公复具疏，时江陵前死，而代执政者以公功请，上大悦，拜都察院右都御史兼兵部左侍郎，俾还部理左侍郎事。"（《居集》卷六十五，第740页）

八月，张佳胤与陆光祖先去云间凭吊徐阶。后转至娄江，访问王世贞，见王世贞虽形销骨立，但神气甚王，与之痛饮三昼夜不倦。此年入吴访王世贞于弇山园中。时，陆光祖乞休在家。

张佳胤《复张助甫中丞》："去秋代后，从吴江买小余皇，与陆舆绳具山人服，过云间吊故相。因泛娄江访四王先生。先期汪伯玉来会，四海弟兄文酒佳话，不知太史曾有占不？元美去岁苦病，心切忧之，及握手时，神气甚王，与弟痛饮三昼夜不倦。"（《居集》五十八，第669页）

《明史》卷二百二十四"陆光祖传"："及迁工部右侍郎，以议漕粮改折忤居正，御史张一鲲论之，光祖遽引归。"（第5891页）

《明神宗显皇帝实录》卷八十七"万历七年五月"条："工部右侍郎

陆光祖因御史张一鲲参劾乞休。部覆谓：光祖处心制行，古直是希，惟自持意见，不免咎累，命照旧供职。"

《明神宗显皇帝实录》卷一百四十二"万历十一年十月"条："起原任工部右侍郎陆光祖为南京兵部右侍郎。"

洪从周客居燕京二十余年还永嘉，路过白下（南京）访张佳胤，张佳胤序其诗集《甲乙集》。二人过访王世贞。

张佳胤《洪山人甲乙集小序》："洪从周山人客燕二十余岁，今年还永嘉，过白下，别余与余司成，……一日，秋风起，山人不可留，则留其诗若干首，皆甲乙以还之作，山人自名曰甲乙稿，……山人顿首请一言弁其端。"（《居集》卷三十六，第424页）

王世贞《洪山人自永嘉携肖甫司马过吴门，轻舟入访，云将入燕赴平津之约。余时病起，为蔬食以供，从容久之，因成一章为别》："白日丽中天，群星环北极。麟凤既郊游，猿鹤不遑息。策杖辞永嘉，呼舠凌震泽。欣陪元礼济，将首颖君席。余时病初起，苍苔绣行迹。一刺破衡门，胡床下东壁。暂割周颙嗜，聊充井丹食。宿醅捅乳浓，新炊菰米黑。饭罢何所为，嗒然竟日夕。空名无可借，实际嗟何得？试看眉宇间，宁无首阳色。"（《弇续》卷六，第82页）

案：张佳胤巡抚河北时，洪从周时亦在燕，曾与张佳胤游。张佳胤在隆庆六年抚吴时，洪从周曾居云间，两人也有交集，参见隆庆六年条注。此次还永嘉，并与张佳胤同访王世贞，张佳胤将入燕，当为召拜左副都御使、总督蓟辽一事，故时间系于此。

莫如忠《汰砾石集序》："霍山洪山人以采诗为五岳游，凡三过云间，余因识山人久。比余从洛藩奉表如京师，山人遇余燕邸。……是刻也，首从崞崃张中丞公同游诸篇，而因衷近著附焉，署曰汰砾集，然则集所遗者多矣。中丞公既为评而序之，余不知诗，而能知山人，本其平生所由成山人名者如此云。"（《明文海》卷二百四十四，第707页）

八月，张佳胤赴任京师，临行过访王世贞，时汪道昆、胡应麟等人

亦集聚弇园，斗酒而欢，张佳胤先别，王世贞等送别于清洋江口。

张佳胤《与汪伯玉》："闻道驾将访二美，不佞即追帆而至。"（《居集》卷五十七，第 666 页）

王世贞《吴明卿》："仆自正朔为儿辈举屠苏毕，即足下六帙觞耿耿胸臆矣。而会病羸，至春中而剧，药饵不离口。又时时为戚友强以笔研之役，如责博。进六月病痦，七月病脾，八月甫起色，而伯玉、肖甫访我弇园。元瑞、仲淹辈亦麋集，几复作高阳故事。九月始息肩，勉为足下草此寿言。……第仆已誓佛前，于献岁断笔研。"（《弇续》卷一百九十二，第 736 页）

王世贞《余自庚辰来，抱影昙靖，不识城西水面者三载余矣。癸未八月乃送张肖甫大司马，九月送汪伯玉少司马，十二月送陆與少宰，甲申三月送吴明卿大参，八月送李本宁大参，贞吉与焉，九月送欧桢伯虞部。远或泊清洋，近亦关外。而明卿独相蝉援，遂抵昆之玉龙桥泊焉。见者当骇传以为且破木义，而不知是六君子皆生平故人。张范之好而命千里秥吕之驾，恨不能泛一叶舟，裹百日粮，相从于五湖之涘，何论木义也？今吾已徙处深林，而所谓故人者，亦且尽矣，闲居无事，慨叹之余，人成一绝，以纪其事》之《送肖甫司马于清洋江口》："其奈清洋口，嘘为南北风。已无官可免，那不送羊公。"（《弇续》卷二十一，第 269 页）

王世贞《送肖甫司马于清洋江口》："清尊红烛暂为欢，临到分携醉醒难。纵有冰壶心一片，伴君终是怯长安。"（《弇续》卷二十四，第 319 页）

汪道昆《沧州三会记》："肖甫与余同日至，余家二仲及元瑞从，……肖甫径尽斗酒而欢。质明，相与谒昙阳，观二美出其师手作龙凤诸篆，环而聚观，厥明，肖甫乘六而先，二美祖之水浒。"（汪道昆《太函集》卷七十六，第 173 页）

胡应麟《石羊生小传》："明年癸未（万历十一年，1583），……再下第还里，则张大司马（张佳胤）前此弨节过访。生且属宪使公必致生幕下，生则复入武林，报张公。而少司马新都汪公至自歙，生则复谒汪公湖上。汪公持生刺倒屣出于坐间，……汪公旋挟生过鼻州伯仲，于中路序生诗，所寓寄弥笃至。泊抵娄江，张大司马亦取华亭道来，会诸君子合并，乐甚，剧饮沈酣。"（《少室山房集》卷八十九，第655页）

汪道昆，初字玉卿，改字伯玉，号高阳生、太函氏等，徽州歙县人，明嘉靖二十六年（1547）进士。初仕义乌知县，历官武选司署郎中事员外郎、襄阳知府、福建按察使、湖广巡抚等职，仕终兵部左侍郎。著有《太函集》及传世戏曲若干种。

胡应麟，字元瑞，号少室山人，更号石羊生，金华府兰溪人。万历间举人，久不第。筑室山中，购书四万余卷，记诵淹博，多所撰著。曾携诗谒王世贞，为世贞激赏。有《少室山房类稿》《少室山房笔丛》《诗薮》。

秋，过山东，登泰山。

案：今泰山岱庙汉柏院东墙录有张佳胤《登岱四首》诗碑，落款"万历癸未秋日，太子少保、兵部尚书铜梁张佳胤书"，见泰安市文物局编，李正明、戴有奎主编《泰山石刻大全》第四册第八十九条"张佳胤登岱四首诗碑拓本"，齐鲁书社2000年版，第509页。这四首诗同时也收集在《居来山房集》卷二十二，第302页。时，四川富顺人甘征甫正在泰山为官，相遇于泰山，作《余防三关报甘征甫宪副挂冠泰山奇矣……》，见《居集》卷四，第110页。

"甘茹，字征甫，富顺人，嘉靖丁未进士，除御史。"（陈田辑《明诗纪事》己籤卷九，第2019页）

过曲阜，拜谒孔林。

张佳胤《孔林谒墓二首》之一："汉庭初拾菜，展墓出郊垌。楷木霜皮白，庐居草色青。天心扶万世，地脉表遗灵。多少侯王塚，雍门君试听。"（《居集》卷九，第170页）

抵檀州，郑洛遣使慰问。时郑洛已在宣府总督任上五年。

张佳胤《余解越节，召还枢筦矣。即被蓟门之命，大司马郑公总师
西镇凡五易寒暑，廷议代余枢筦，乃竟不果。莫非王命，余与公勉之。
余甫抵檀州，公介使缄书，劳苦良笃，作诗寄之》："越海初辞又蓟门，
书来千里问寒温。驱驰自笑无南北，留滞谁怜长子孙。推毂何人收物望，
普天同咏总君恩。请看锁钥东西重，夹辅相期报至尊。"（《居集》卷二
十二，第 302 页）

《明史》卷二百二十二"郑洛传"："（万历）七年，以左侍郎总督
宣、大、山西军务。"（第 5850 页）

十二月，在山海关大筑工事，防备边患。

王世贞《墓志铭》："公当虏出入要害，督工筑之为墩者百七十七，
为墙者六万五千七百，赤营舍千八百楹，屹然金汤矣。"（《居集》卷六
十五，第 741 页）

《明神宗显皇帝实录》卷一百四十四"万历十一年十二月"条：
"命修筑山海关城。其工费于太仆寺马价内照数动支。从总督张佳胤所
奏也。"

辽东外虏侵扰，犯抢开原，潜兵围剿，诏加太子少保。

《明神宗显皇帝实录》卷一百四十四"万历十一年十二月"条："叙
辽东大捷功。督抚镇而下各进秩赏赉有差。先是兵部尚书张学颜、题辽
镇督抚镇巡等官张佳胤等报：万历十一年十二月初一等日，逆虏逞仰加
二奴纠借大虏，指以仇杀猛骨孛罗为名，实欲犯抢开原。辽沈抚臣宣谕
不从，因潜兵四起，当阵斩获仰加、奴逞、加奴等首级共三百一十一颗，
及外应李总兵伏兵斩获塞土地贼首级一千二百五十二颗，并获马匹、夷
器、衣甲等物无算。……上奇其功，诏岁加李成梁禄米二百石，先荫本
卫指挥佥事改锦衣卫，升二级，世袭赏银一百两、大红纻丝蟒衣一袭、
彩缎六表里。张佳胤加太子少保，荫一子锦衣卫百户世袭，赏银五十两，
纻丝四表里。"

开原，今属辽宁铁岭。

王世贞《墓志铭》："辽左之大帅李成梁者，素负勇略，麾下有强兵，公虚心寄之。以二奴贼为急，成梁率精骑捣其营，……捷闻，告郊庙，献俘称贺，加公（张佳胤）太子少保，录一子锦衣百户世袭，予诰命金币。"（《居集》卷六十五，第741页）

十二月，王世贞起为应天府尹，张佳胤推毂无尽。（参见万历十二年条）

《明神宗显皇帝实录》卷一百四十四"万历十一年十二月"条："起原任应天府尹王世贞为应天府尹。"

因战功，帝赐蟒袍。郑洛赠诗贺赐蟒章，自认已得无上殊荣。

刘黄裳《行状》："后虏三万骑入寇。公授李宁远以方略，故什方寺堡之战斩首四十二酋首，四马八十一匹，钩镡甚众，前屯之战，斩首七级，又斩一首于三山营，二级于寨儿堡，二级于大宁。又出塞斩一百三十五级八酋首于中兴地方。捷闻，告郊庙部议，巨酋叩关，骄胡授首，功宜优叙。奉旨剿贼有功，先荫锦衣百户，升一级，赐朱衣蟒袍，金三镒，文绮四。"（《居集》卷六十五，第732页）

张佳胤《余叨功，皇上特赐蟒章，郑总制以诗来贺，次韵谢答》之一："关上浮云日夜封，登楼豪气想元龙。加餐新向书中问，把臂长从梦里逢。下走马牛尸位久，上公鱼蟒受恩浓。布衣到此荣无极，止足深惭两曼容。"之二："骨相虎头真定远，眼中对拜更何人。"（《居集》卷二十二，第305页）

案：总制，即总督，时郑洛仍留任宣府总督。

《明神宗显皇帝实录》卷一百四十一"万历十一年九月"条："吏部推升宣大总督郑洛为协理京营戎政，四川巡抚孙光裕为南京大理寺。上曰：'洛在边镇节省钱粮，是好官，边上该用他。如推他京营，放在闲散。孙光裕在任未久，如何又推升？'大学士申时行等言，洛在边九年，劳绩已久。光裕先任应天巡抚三年，今任四川又一年，资俸应及。上曰：'既卿等所奏，朕已点用。今后但凡各处要紧事情重大的，不必以资格历俸为则，必须推其堪任的用。'"

张佳胤《郑大司马以款贡功赐蟒衣一袭赋而诗为贺用来韵》："对酒休歌率土滨"后有注："公已拟戎政，上不允，留之。"（《居集》卷二十二，第303页）

万历十二年（甲申，1584年），五十八岁

人日，余曰德卒，年七十。

王世贞《祭余德甫宪副文》："万历癸未之冬十一月，而乡人姚匡叔自南昌来，言德甫宪副余丈七十矣。余恍然而悟曰：'几忘之'。为排律一章，及录所撰再补五子篇一章，侑以不腆之币，寓匡叔寿之。未报，而为今年甲申之春三月上巳，吴明卿自武昌过我，酒甫洽，而曰德甫以人日化矣，不觉黯然低徊，泪涔涔下也。"（《弇续》卷一百五十三，第218页）

王世贞年初病已愈，誓断绝笔砚，上疏辞应天府尹之任，张佳胤力劝其复出。此年张佳胤已经在刻印自己的全集。

王世贞《答张肖甫司马》："屈指清洋分袂忽忽周岁，中间凡五辱笺教，……兄之一身系宗社重轻，天子方举三辅而尽属之，藉以高者也。弟过八月病良已，九月则益壮，而苦乡里项领，至笔砚受役无少息肩。以故于正月朔移入丈室，誓大士前一切断绝。惟残岁宿逋不忍，便负刺促向三月可作无事人。而至二十日，忽有留尹除目，庙廊于弟故平平，得非兄抵镇之后有所推毂耶？"（《弇续》卷一百八十四，第633页）

张佳胤《与张助甫》："于上元日勒一状以授使者，……惟阳春改序，……弟处此重镇，西应属夷，东苦土虏，密迩京邑，……元美再晋贰卿，令人欢忭。帝命又及，恐不可不出，以答群望。倘或坚卧不改其高，愈不可及矣。虽曾寓书劝驾，未卜意况何如也。"（《居集》卷五十八，第671页）

王世贞《答张肖甫司马又》："自兄别后，每念一世伟人福德之盛，绝无可相埒者。盖未几而睹大司马参知六军之报，又未几而睹都统三镇之报，又未几而睹辽左大捷之报，则宫保世禄有故事在朝命且复下矣。当时王伯安子衡跌宕李何徐薛诸公间，独以功名显重，至开茅土，珥貂横玉为铅椠，中树赤帜差快耳。兄固灼然，继而称三杰。兄之推毂我勤矣，乃至筹策出处于言表，见深爱焉，非骨肉而贤杰者畴能以此诲也？弟之不出，直以不忍倍心盟耳，它固未暇计及也。计此疏必获请，即获请，而弟尚以无故而叨卿佐衔，又窃恬退名，世福转厚，道缘当转薄为恐，何况出也！……赵汝师宫赞一札云大司马有去志，代之者非王司徒即兄也，于事理宜尔。窃以为围玉悬金，更不如北门锁纶之易也。睹邸报长公拜缇骑长明后，岁与次公两魁文武榜，于通家气色不浅。吴明卿过我宿山园，十日而别，神气犹王。弟得余德甫人日耗，为之黯然。此兄齿亦不薄，但遂成隔生耳。助甫跳踉在我曹中，作少年军，事小简宜其能治私也。汪伯玉新岁来，差善饭，每睹荐剡不相及，咄咄怪叹。兄全集刻成否？"（《弇续》卷一百八十四，第 632 页）

二月，王世贞升南京刑部侍郎。五月，准王世贞在家调理。

《明神宗显皇帝实录》卷一百四十六"万历十二年二月"条："升王世贞为南京刑部侍郎。"

《明神宗显皇帝实录》卷一百四十九"万历十二年五月"条："准新升南京刑部右侍郎王世贞在籍调理。"

二月，诰封蓟辽总督，兼理粮饷。

王世贞《墓志铭》："公既得代道，拜兵部尚书，协理京营戎政。寻又改兼左副都御史。总督蓟辽三镇，兼理粮饷。"（《居集》卷六十五，第 740 页）

刘黄裳《行状》："先是，虏犯黑谷关，有所杀掠，上震怒，褫督帅职。诏所司推才望者往。公未抵部，即有蓟辽之命。上传旨命差军吏，催赴檀州。"（《居集》卷六十五，第 731 页）

　　《光绪铜梁县志》卷十五《附刻》收录《明万历十二年二月封蓟辽总督张佳允诰命》：“朕董正六师，缉熙九伐。眷星枢之峻采，仗钺行边。嘉月捷之不勚，搴旗敌忾。铙歌既奏，册赞宜颁。咨尔总督蓟辽等处军务兼理粮饷，兵部尚书都察院右副都御史张佳允雅度粹衷，壮猷伟略，绩用每征于历试，文武足宪乎万邦。粤自跻副宪台，既而入参兵，本以屏翰南国，能出定军民，以锁钥北门，俾安攘内外。初遣采薇之役，秉庙算于帷中。即收破竹之功，憺皇灵于阃外。斩馘无算，九塞摄之以抗棱。震叠有声，三辅恃之而作障蔀。此殊尤之伟烈，宜加优渥之穹恩，仍授尔阶资政大夫，锡之诰命。于戏！召穆公肇敏戎功，江淮式辟；尹吉甫严共武服，狁犹于襄。朕尝迹比古今，卿实劳兼先后，弥奠封疆于盂带，仡书阀阅于鼎钟。钦哉！”

　　三月，荫一子锦衣卫。
　　《明神宗显皇帝实录》卷一百四十七“万历十二年三月”条：“荫总督张佳胤一子锦衣卫百户世袭。”

　　四月，籍张居正家，并削官，夺诰命。
　　《明通鉴》卷六十八：“（神宗万历十二年），夏，四月，乙卯，籍张居正家。……八月，丙辰，尽削张居正官，夺玺书、诰命。”（第2413—2415页）

　　夏日，在檀州（今北京密云），有诗《檀州南园池中生双头莲二首》中“帝载十有二”、“颓然一关吏”之语，见《居集》卷二，第90页。
　　九月，神宗谒陵，张佳胤奉驾，并留守檀州。
　　《明史》卷二十：“（万历十二年）九月丙戌，奉两宫皇太后如天寿山谒陵。己丑，作寿宫。辛卯，还宫。”（第269页）
　　张佳胤《圣驾秋祀山陵，大司马郑禹秀扈陛关外，余亦得奉乘舆，因订居庸之会。已而蓟有警，奉命留住镇。禹秀缄札寄〈古塞下曲〉百余首，赋答此诗》：“扈陛亲劳驻碧油，怜余留滞在檀州。关门遥忆严鱼篇，原庙恭闻肃冕旒。古曲书来传塞下，孤峰月初傍城头。当时拟作星辰聚，此日相望似女牛。"（《居集》二十二，第 305 页）

十二月，在檀州，与张卤互通书信慰问。

张卤《渔阳旋使行，万历甲申十二月六日坐衡茅大雪中，值大司马崛崍自蓟辽专官惠问，赋此寄答》，见《浒东先生文集》卷二，第 330 页。

洪从周还永嘉，张佳胤送别。

张佳胤《檀州送洪从周还永嘉》："永嘉别无几，此会又檀州。"（《居集》卷九，第 170 页）

万历十三年（乙酉，1585 年），五十九岁

人日，檀州。张佳胤长兄张宗胤六十岁，作诗为贺。

张佳胤《伯兄凫墩人日初度年六十矣，寄此为寿》，见《居集》卷二十二，第 306 页。

四月，陆光祖出为南京工部尚书，南行路上阻于冰冻。因忆张佳胤，枉道檀州，二人过从甚密。张佳胤向朝廷荐陆光祖谙晓兵略，时光祖因张居正牵连，遭人诋毁受贿，七月，光祖遂引疾去。

《明神宗显皇帝实录》卷一百六十"万历十三年四月"条："南京工部尚书陆光祖、蓟辽总督尚书张佳胤同时旧人，以功业相期。光祖南行阻冻，因忆佳胤，枉道过密云。佳胤客之，与并骑纵观长城，谈论弥日。佳胤书抵京师，盛称其谙晓兵略。御史杨有仁疏劾光祖，诋以受财。嘱托应同兵部尚书张学颜并勒致仕。吏部尚书杨巍覆疏，明其事，且谓老成可惜，固请留之，有旨，趣令之官。"

《明史》卷二百二十四"陆光祖传"："（万历）十一年冬，荐起南

京兵部右侍郎。甫旬日，召为吏部。悉引居正所摈老成人，布九列。李植、江东之力求居正罪，光祖言居正辅翼功不可泯，与言路左。植辈以丁此吕故攻尚书杨巍，光祖右巍诋言者。言者遂群攻光祖，乃由左侍郎出为南京工部尚书。御史周之翰劾光祖附宗人炳得清华，帝不问。御史杨有仁遂劾光祖受赇请属，巍力保持之，事得寝，光祖竟引疾去。"（第5891页）

《明神宗显皇帝实录》卷一百六十三"万历十三年七月"条："南京工部尚书陆光祖以病请告。"

五月，以沈阳战功，加太子太保。

《明神宗显皇帝实录》卷一百六十一"万历十三年五月"条："录辽东沈阳战功。加宁远伯李成梁岁禄一百石，……加总督张佳胤太子太保，升其子锦衣卫百户叔琦副千户世袭。"

《明史》卷二百二十二"张佳胤传"："以李成梁击斩逞加努功，加太子少保。成梁破土蛮沈阳，复进太子太保。"（第5858页）

吴国伦《甔甀洞稿》成，寄书张佳胤。张佳胤作《得吴明卿书并寄甔甀洞稿谢答四首》（《居集》卷二十二，第308页）。其三自注："公集有意余序，元美先为之矣。"其四自注："旧游惟余与公及元美。前岁余访元美弇山园中。"

王世贞作《吴明卿先生集序》："万历甲申初夏日，友弟弇州山人王世贞撰。"（《弇续》卷四十七，第613页）

九月，入朝。十月，召拜兵部尚书，协理京营戎政。

刘黄裳《行状》："乙酉九月，命公回部。"（《居集》卷六十五，第732页）

《明神宗显皇帝实录》卷一百六十六"万历十三年闰九月"条："乙卯召太子太保兵部尚书兼副都御史张佳胤于蓟镇还理部事。佳胤辞免宪职，许之。先是有旨举熟知边略，堪任本兵者，部推佳胤及郑洛、郜光先。上命再推数人，而工部尚书杨兆、兵部侍郎王一鹗与焉，外间传上属意兆。御史李琯、顾云程、黄纪贤前日击去王遴者，乃各争之。略谓遴实刚愎，兆尤熟软，弃遴用兆，犹朝三暮四也。上以为窥探，夺四人俸两月，乃用佳胤。"

《明通鉴》卷六十八："（万历十三年十月），召戎政尚书总督蓟辽张佳允为兵部尚书。"（第2426页）

《光绪铜梁县志》卷十五《附刻》收录《明万历十三年十月封蓟辽总督兵部尚书张佳允诰命》："朕绥抚华夷，每警无虞之戒，顾怀疆圉懋，嘉有赫之勋。乃眷良臣，副兹重寄，宜有褒崇之典，用酬经略之劳。咨尔总督蓟辽等处军务兼理粮饷，太子太保兵部尚书兼都察院右副都御史张佳允经世宏材，殿邦硕哲，忠清笃亮，历险不渝。博雅渊宏，投艰弥裕。向者定纷于两浙，岿然动望于四方。南国环旌，北门总钥，料敌炯若观火，应机巧若画泥。保境销萌之务，远近皆完。摧锋敌忾之姿，洪纤悉辨。辽水收功于三捷，蓟门制胜于万全。三载运筹，八条挥指。上方宠锡，奕世赏延，特授尔阶光禄大夫，锡之诰命。于戏！天子四夷为守，居安思危。夏官九伐，所宗治内驭外。兹卿还部佐朕，筦枢尚掭。至计于严廊，六师超距。益广壮猷于方夏，九塞垂橐。钦哉！"

王世贞《墓志铭》："兵部尚书缺，廷推公。上迟徊久之，乃决。入理部事。"（《弇集》卷六十五，第741页）

刘黄裳《行状》："乙酉九月，命公回部。会有傍睨者，旨命再推。台省交章，论边境多故，非谙边计者，不可宜，无如公。部上五人，公名第二，上竟用公。士论翕然。"（《弇集》卷六十五，第732页）

王世贞为其序《奏议集》。

王世贞《太保铜梁张公奏议序》："太子太保大司马铜梁张公肖甫，其始以佥都御史抚三吴，有《奏议》四卷。再以副都御史抚三辅，抚关中，俱不拜。已改抚上谷，有《奏议》四卷。三以少司马督抚全浙，有《奏议》五卷。四以大司马总督蓟辽三镇，进太子太保，有《奏议》十卷。公既入领枢务，而代公总督者御史大夫王公□，抚蓟镇者中丞塞公

子，上合而梓之，凡二十二卷，而问序于世贞。"（《弇续》卷五十三，第696页）

万历十四年（丙戌，1586年），六十岁

春，在理部，廷事南宫，海内名士多所奖拔。平反冤狱，选拔武职。

刘黄裳《行状》："丙戌春，廷试南宫士，公读卷，所奖拔皆海内知名士。朝廷录重囚，……公持正秉公，多所平反。是岁，大察天下，武职选廉去贪，军吏悚肃。"（居集》卷六十五，第732页）

刘黄裳中进士。斋试录，将赴南京，张佳胤送别。

杨修田纂修《光绪光州志》卷三《选举志》"进士"条："刘黄裳，官员外郎，丙戌科。"（第300页，光绪十三年刊本）

张佳胤《送刘子玄进士斋试录金陵》："子玄枯尽陵阳泪，丙科果解匡衡颐。……子玄捧出长安陌，别余南向江东去。且醉燕沽听鸿语，子玄亦在佛位中。"（《居集》卷四，第115页）

六月，陈以勤卒。

张佳胤《光禄大夫柱国少傅兼太子太师吏部尚书武英殿大学士赠太保谥文端陈公行状》："（陈以勤）公以正德辛未九月二十日生，终于万历丙戌六月十九日，享年七十有六。"（《居集》卷四十九，第566页）

张佳胤有归欤之思，王世贞贻书慰问。

王世贞《肖甫司马贻书有归欤之思，而受脤出督，寄此识感》其一："竹林名士七，草野病身孤。寂寞余丹灶，凋零任酒垆。几人私日月，吾计晚江湖。赖有张司马，旃常事不诬。"其二："蜀道难仍否，吴天去转长。吾宁忘绵竹，尔可念铜梁。鹏鷃飞同适，沧桑事亦常。此心真不住，何必论行藏。"（《弇续》卷十二，第153页）

身有疾，屡上书请骸骨。张佳胤自言凡四上书乞休，王世贞言"盖三上"。

张佳胤《赠陈医》："病骨趋朝后，怜余药裹亲。"（《居集》卷十，第 174 页）

张佳胤《屡疏乞休蒙恩赐驿》："尸餐无寸补，四上乞骸章。乘传宽优诏，抽簪返故乡。余生惟白发，往事托黄粱。作伴青春好，都门祖道长。"（《居集》卷十，第 174 页）

王世贞《墓志铭》："太子太保、兵部尚书铜梁公之乞归也，实在万历丁亥云。盖三上，而天子犹难之，最后不得已乃许驰驿以行。"（《居集》卷六十五，第 734 页）

关于张佳胤乞休的原因，盖一则万历帝惰于朝政，长期不上朝；二则宦官构陷，台臣弹劾，自知"盛满自抑"之理，遂自请骸骨去。

王世贞《答张肖甫司马》："向者奴宰北行，以小启附渎。未几，而从邮递得兄去国之报，谓且不及。既而此奴归，解箧中装，则兄之报札俨然，且惊且喜。知以上不视朝，艰于面辞故也。承兄示，具悉所以，中贵之巧于含沙，台臣之甘于承唾，弟忧之久矣。已而得吾乡太原公札，则极为扼腕不平，且称兄贞心大度，宏猷远略，一两岁间征书必且西指，审尔则国家之福，而非兄之福也。位极人臣，赏至延世，出控万里，入领元枢，正兄家子房从赤松子游时也。岷峨之分福，星长自煜然，岂宜复出，令人目之，将星与旄头角光曜耶。"（《弇续》卷一百八十四，第 638 页）

王世贞《墓志铭》："中贵人骄，故以兵部为外藏，公多执不之应，以是怨公。台谏乘而有劾公者，赖上知之。然公以盛满自抑，恒曰功成名遂身退，天之道也。吾家子房非师哉！三上书乞骸骨辞。"（《居集》卷六十五，第 741 页）

《明史》卷二百二十二"张佳胤传"："御史许守恩劾佳胤营获本兵，御史徐元复劾之，遂三疏谢病归。"（第 5858 页）

《明神宗显皇帝实录》卷一百七十一"万历十四年二月"条："兵科给事中李弘道荐海瑞……，皆君子之当进者，谓兵部尚书张佳胤总督蓟辽时，营干回部威逼中军张炌，剖心以死，且以千金令七人携送夷人之桀骜者，被夷人杀死六人，大损国威，是小人之当退者，乞将佳胤罢斥，员缺即以海瑞补之。"

《明神宗显皇帝实录》卷一百八十一"万历十四年十二月"条："太子太保兵部尚书张佳胤以罗秀被纠，引嫌乞休，上慰留之。丙子准太子太保兵部尚书张佳胤致仕，令乘传去。"

《光绪铜梁县志》卷十六"杂记"："考《明史》七卿年表，万历十三年闰九月，张佳允任兵部尚书加太子太保，十四年十二月致仕。寺之落成在万历十二年五月，是时张公方任蓟辽保定总督，未归里也。"

万历十五年（丁亥，1587 年），六十一岁

人日，在京城，友人送别。

张佳胤《人日余君房膳部、屠田叔太常移觞为别》："帝城春气晚冥冥，歌动骊驹未忍听。自笑拂衣头已白，向来阅世眼谁青。壶觞今夕逢人日，江汉当年有客星。别后相思如载酒，巴云遥隔草玄亭。"（《居集》卷二十二，第 313 页）

春日，与友人在北京妙应寺观塔。

张佳胤《春日余王二金吾召集妙应寺观浮图》："病骨时来礼药师，嵯峨塔势掩须弥。微沾米汁心堪醉，坐对松窗日渐移。身已无官称自在，僧名有发亦相宜。青春携作还乡伴，去向巴山听子规。"（《居集》卷二十二，第 312 页）

案：妙应寺，俗称白塔寺，位于北京市西城区。

春日，偷闲半日，访禅师，道别。

张佳胤《春日过了公论禅》："浮名易老宰官身，误入牢笼四十春。幸得上书还印绶，便应长啸出风尘。……"（《居集》二十二，第312页）

张佳胤《别了禅师》："吾归巴岳老，飞锡几时来。"（《居集》卷十，第175页）

归家途中，从宝鸡入栈，并经过陕西灵宝，并会见友人。

张佳胤《余乞养还蜀，自宝鸡入栈，漫成排律一首，谢少安壁间韵》，见《居集》卷十一，第184页。

张佳胤《柴关公馆次赵阁老韵》："还山西走长安道，入栈青春听啼鸟。……直到腊除悔不早。"（《居集》卷四，第116页）

张佳胤《林皋宗公候我于灵宝，相赠以诗，次韵答之》，《居集》卷二十二，第313页。

过马道驿，遇一守驿耄耋老翁，感而歌之。

张佳胤《马道驿作，余蒙恩还蜀，行经马道，其驿官耄矣，以好语谕之。归，复不能，遂信口作歌且以自解》，《居集》卷四，第116页。

过阆中，会见陈于韶，留驻几日。

张佳胤《将抵阆中，陈于韶遣诗来迎和答二首》："赐驿归田荷帝私，路随春日共迟迟。黄粱无复论前梦，白发今归已后时。"（《居集》卷二十二，第315页）

张佳胤《陈于韶饯余锦屏山得分字》："主恩丘壑身堪老，客醉壶觞兴不群。"（《居集》卷二十二，第315页）

四月，抵家。

刘黄裳《行状》："丁亥四月，抵家。"（《居集》卷六十五，第732页）

在巴岳山玄天宫下买田数十亩，建靖庐，与道士共居。

刘黄裳《行状》："抵家，向巴岳山玄天宫下买田数十亩，与道士养空而游。"（《居集》卷六十五，第732页）

王世贞《墓志铭》："归而买田巴岳玄天宫，为靖庐，延道士，与共居。"（《居集》卷六十五，第742页）

案：张佳胤曾在万历二年（1574）在铜梁巴岳山玄天宫下买田建二宅，但很快起家。此处宅庐，应该仍是万历二年（1574）所建，参考万历二年条。

为自己营造坟墓。

张佳胤《将营真宅漫赋》："乞将骸骨理菟裘，千古青山此一抔。已矣世缘随逝水，乐哉吾意在斯丘。有形天地终归尽，何业风尘不可休。纵象祁连如霍冢，至今谁是景桓侯。"（《居集》卷十六，第317页）

刘黄裳《行状》："（张佳胤寄给刘黄裳的）书曰：近卜宅兆一区，山川青美，意殊乐之。不肖从此逝矣。"（《居集》卷六十五，第733页）

除夕，在铜梁家中。

张佳胤《丁亥除夕作》："岁穷星纪上回天，爆竹声中坐懒眠。寒漏未曾交子夜，今宵犹得唤丁年。半生节序他乡过，故国屠苏此夕传。家庆谯毛吾不后，椒觞群从反居先。"（《居集》卷二十二，第317页）

万历十六年（戊子，1588年），六十二岁

因慈母生前曾命拜谒潼川云台观玄帝像，往游，并作《游云台观记》。

刘黄裳《行状》："明年，思先太夫人曾命谒款云台观，往挈神欢，以慰慈灵。盖观在潼川州，相传玄帝真形者也。著《游云台观记》，寄余。余读记与诗，翩翩非世间语。"（《居集》卷六十五，第733页）

案：此文未收录在《居来山房集》中。

刻印全集，请王世贞序。时王世贞在金陵，为南京兵部右侍郎。

王世贞《墓志铭》："将尽刻其诗文集。走书金陵谓王子：'为我序之前。'是已叙公诗及奏议矣。书至金陵之日，而公卒。"（《居集》卷六十五，第742页）

案：张佳胤写给王世贞的此文未收录集中。

王世贞《答张肖甫司马》："向辱糠秕之导于大集，一俟卒业，不敢不效其愚也。"（《弇续》卷一百八十四，第639页）

闰六月十六日，卒于家，享年六十二岁。天子为之震悼，辍朝，赠少保，予祭九坛。卒前，嘱咐其子请刘黄裳作行状，王世贞作墓志铭。

王世贞《墓志铭》："公卒得风疾不起。天子为之震悼，辍朝，下宗伯太宰司空议赠公少保，予祭九坛，俾工部郎马鲁卿治葬。于是公卿大臣西向咨嗟，叹息曰：国栋摧矣。公既易箦，谓其子曰：葬我，必以干元美志铭。元美，友兄弟也。而刘子玄为儿时交，其必玄子状之。"（《居集》卷六十五，第734页）

万历十八年（庚寅，1590年），六十四岁

四月，葬于铜梁"凤凰山之赐茔"。

王世贞《墓志铭》："其子锦衣君叔琦等卜以庚寅夏四月葬公于凤凰山之赐茔。"（《居集》卷六十五，第734页）

《光绪铜梁县志》卷一《地理志》"山川"："崌崃山，在学署前，由西泉山蜿蜒而来，形如华盖。张襄宪葬此。"其卷一《地理志》"茔墓"："少保兵部尚书张襄宪公墓，在学宫前，崌崃山。"

明代官府曾敕造张佳胤祠堂，至清代官府也多次修缮祭奠。

　　《光绪铜梁县志》卷二《建置志》"坛庙"："张公祠，前明敕建在书院街内。祀明少保兵部尚书谥襄宪张佳允，地方官春秋致祭，后毁于兵。国朝乾隆二十六年知县蔡玉华捐建后，为襄宪裔孙张亨来私典。知县温清捐俸赎归，祠宇园土招佃取租作。"

　　（清）温清《张襄宪公祠记》："铜邑张襄宪公，明名臣也。城内西隅塚墓在焉。（温清）问诸故老，翻阅书志，公之著作兼擅潘江陆海之奇，公之勋猷并娴文经武纬之略，姓氏列于乡贤，官阶侧于名宦，文献班班可考也。前邑令蔡公玉华景仰休风，于墓侧捐建祠宇，春秋祀事，毋敢或替，是祠之建于官，非张姓私宅也。……乾隆五十二年三月初一日立石。"（《光绪铜梁县志》卷十二《艺文志二》）

参考文献

一 著作

（清）陈鹤．明纪［M］．四库未收书编纂委员会．四库未收书辑刊：第
陆辑第 6 册．北京：北京出版社，2000 年．

（清）陈梦雷编．方舆汇编．职方典［M］．古今图书集成：第 74 册，
北京：中华书局，1934 年．

陈世松主编．四川通史［M］．成都：四川大学出版社，1993 年．

陈田．明诗纪事［M］．上海：上海古籍出版社，1993 年．

（明）陈文烛．二酉园文集［M］．四库全书存目丛书编纂委员会．四库
全书存目丛书集部：第 139 册．济南：齐鲁书社，1997 年．

（清）储大文．存研堂文集［M］．永瑢、纪昀等主编，影印文渊阁四库
全书：第 1327 册．台北：台湾商务印书馆，1983 年．

（清）弘历批，（清）傅恒撰．御批历代通鉴辑览［M］．永瑢、纪昀等
主编，影印文渊阁四库全书：第 336 册．台北：台湾商务印书馆，
1983 年．

胡传淮．张问陶年谱［M］．成都：巴蜀书社，2005 年．

（清）胡文学编．甬上耆旧诗［M］．永瑢、纪昀等主编，影印文渊阁四
库全书：第 1474 册．台北：台湾商务印书馆，1983 年．

（明）胡应麟．少室山房集［M］．永瑢、纪昀等主编，影印文渊阁四库
全书：第 1290 册．台北：台湾商务印书馆，1983 年．

（明）黄宗羲．《明文海》［M］．永瑢、纪昀等主编，影印文渊阁四库
全书：第 1453—1458 册．台北：台湾商务印书馆，1983 年．

（明）黎民表．瑶石山人稿［M］．永瑢、纪昀等主编，影印文渊阁四库

全书：第 1277 册．台北：台湾商务印书馆，1983 年．

（明）李攀龙．沧溟集（四库全书影印版）［M］．长春：吉林出版集团
有限责任中心，2005 年版．

李庆立．谢榛研究［M］．济南：齐鲁书社，1993 年．

（明）李维桢．大沁山房集［M］．四库全书存目丛书编纂委员会．四库
全书存目丛书集部：第 152 册．济南：齐鲁书社，1997 年．

李正明，戴有奎主编．泰山石刻大全［M］．泰安市文物局编，济南：
齐鲁书社，2000 年．

（清）李周望辑．明清历科进士题名碑录［M］．台北：华文书局，1969
年．

（明）梁有誉．兰汀存稿［M］．续修四库全书编纂委员会．续修四库全
书：第 1348 册．上海：上海古籍出版社，2002 年．

（明）林尧俞等纂修，俞汝楫等编纂．礼部志稿［M］．永瑢、纪昀等主
编，影印文渊阁四库全书：第 597 册．台北：台湾商务印书馆，1983
年．

（明）刘绘．嵩阳集［M］．四库全书存目丛书编纂委员会．四库全书存
目丛书集部：第 103 册．济南：齐鲁书社，1997 年．

（明）卢楠．蠛蠓集［M］．永瑢、纪昀等主编，影印文渊阁四库全书：
第 1289 册．台北：台湾商务印书馆，1983 年．

（明）孟思．孟龙川集［M］．四库未收书编纂委员会．四库未收书辑
刊：第陆辑第 21 册．北京：北京出版社，2000 年．

（明）倪元璐．倪文贞集［M］．永瑢、纪昀等主编，影印文渊阁四库全
书：第 1297 册．台北：台湾商务印书馆，1983 年．

（清）彭遵泗辑．蜀故［M］．四库未收书编纂委员会．四库未收书辑
刊：第壹辑第 27 册．北京：北京出版社，2000 年．

（清）钱大昕著，田汉云点校本．弇州山人年谱［M］．陈文和主编，嘉
定钱大昕全集：第 4 册，南京：江苏古籍出版社，1997 年．

（明）钱谦益．列朝诗集小传［M］．上海：上海古籍出版社，1983 年．

（明）任环．山海漫谈［M］．永瑢、纪昀等主编，影印文渊阁四库全

书：第 1278 册．台北：台湾商务印书馆，1983 年．

（明）任环．山海漫谈［M］．永瑢、纪昀等主编，影印文渊阁四库全书：第 1278 册．台北：台湾商务印书馆，1983 年．

明实录．爱如生明清实录［DB/OL］．北京：北京爱如生数字化技术研究中心

首都图书馆编．首都图书馆藏国家珍贵古籍图录［M］．北京：国家图书馆出版社，2013 年．

（宋）刘安世．元成先生尽言集［M］．张元济主编，四部丛刊续编：第 82 册．上海：上海商务印书馆，1934 年．

（明）孙奇逢．中州人物考［M］．永瑢、纪昀等主编，影印文渊阁四库全书：第 458 册．台北：台湾商务印书馆，1983 年．

（明）汪道昆．太函集［M］．四库全书存目丛书编纂委员会．四库全书存目丛书集部：第 118 册．济南：齐鲁书社，1997 年．

（明）王世懋．王奉常集［M］．四库全书存目丛书编纂委员会．四库全书存目丛书集部：第 133 册．济南：齐鲁书社，1997 年．

（清）王世贞．弇州四部稿［M］．永瑢、纪昀等主编，影印文渊阁四库全书：第 1279—1281 册．台北：台湾商务印书馆，1983 年．

（清）王世贞．弇州续稿［M］．永瑢、纪昀等主编，影印文渊阁四库全书：第 1282—1284 册．台北：台湾商务印书馆，1983 年．

（清）王世贞．艺苑卮言［M］．南京：凤凰出版传媒集团、凤凰出版社，2009 年．

（明）王兆云．皇明词林人物考［M］．续修四库全书编纂委员会．续修四库全书：第 532 册．上海：上海古籍出版社，2002 年．

（明）魏裳．云山堂集［M］．四库全书存目丛书编纂委员会．四库全书存目丛书集部：第 121 册．济南：齐鲁书社，1997 年．

（明）吴国伦．甔甀洞稿［M］．四库全书存目丛书编纂委员会．四库全书存目丛书集部：第 122—123 册．济南：齐鲁书社，1997 年．

（清）夏燮撰，沈仲九标点．明通鉴［M］．北京：中华书局，2009 年．

（明）谢榛．四溟集［M］．永瑢、纪昀等主编，影印文渊阁四库全书：

第 1289 册. 台北：台湾商务印书馆，1983 年.

（明）谢榛著，朱其铠、王恒展、王少华校点. 谢榛全集［M］. 济南：
　　齐鲁书社，2000 年.

（明）熊过. 南沙先生文集［M］. 四库全书存目丛书编纂委员会. 四库
　　全书存目丛书集部：第 91 册. 济南：齐鲁书社，1997 年.

（明）徐中行. 青萝馆诗［M］. 四库全书存目丛书编纂委员会. 四库全
　　书存目丛书集部：第 122 册. 济南：齐鲁书社，1997 年.

（明）徐中行. 天目先生集［M］. 四库全书存目丛书编纂委员会. 四库
　　全书存目丛书集部：第 121 册. 济南：齐鲁书社，1997 年.

（明）杨慎. 升庵文集［M］. 永瑢、纪昀等主编，影印文渊阁四库全
　　书：第 1270 册. 台北：台湾商务印书馆，1983 年.

杨钊. 杨慎研究——以文学为中心［M］. 成都：巴蜀书社，2010 年.

（明）殷士儋. 金舆山房稿［M］. 四库全书存目丛书编纂委员会. 四库
　　全书存目丛书集部：第 115 册. 济南：齐鲁书社，1997 年.

（清）永瑢、纪昀等撰. 钦定四库全书总目史部二［M］. 永瑢、纪昀等
　　主编，影印文渊阁四库全书：第 2 册. 台北：台湾商务印书馆，1983
　　年.

（明）于慎行. 谷城山馆文集［M］. 四库全书存目丛书编纂委员会. 四
　　库全书存目丛书集部：第 147 册. 济南：齐鲁书社，1997 年.

（明）余曰德. 余德甫先生集［M］. 四库全书存目丛书编纂委员会. 四
　　库全书存目丛书集部：第 122 册. 济南：齐鲁书社，1997 年.

（明）俞允文. 余仲蔚先生集［M］. 四库全书存目丛书编纂委员会. 四
　　库全书存目丛书集部：第 140 册. 济南：齐鲁书社，1997 年.

（元）脱脱等. 宋史［M］. 北京：中华书局，1977 年.

（清）张佳胤. 居来先生集［M］. 四库全书存目丛书编纂委员会. 四库
　　全书存目丛书补编：第 51 册. 济南：齐鲁书社，1997 年.

（明）张九一. 绿波楼诗集［M］. 四库全书存目丛书编纂委员会. 四库
　　全书存目丛书集部：第 128 册. 济南：齐鲁书社，1997 年.

（明）张卤. 浒东先生文集［M］. 四库全书存目丛书编纂委员会. 四库

全书存目丛书集部：第 132 册．济南：齐鲁书社，1997 年．

（清）张鹏翮．遂宁张文端公全集［M］．清光绪 8 年（1882）刻本，北京：国家图书馆普通古籍库

（清）张廷玉．明史［M］．北京：中华书局，1974 年．

（清）张豫章编．御选明诗［M］．永瑢、纪昀等主编，影印文渊阁四库全书：第 1444 册．台北：台湾商务印书馆，1983 年．

（清）张豫章编．御选明诗姓名爵里［M］．永瑢、纪昀等主编，影印文渊阁四库全书：第 1442 册．台北：台湾商务印书馆，1983 年．

郑利华．王世贞年谱［M］．章培恒主编，新编明人年谱丛刊：上海：复旦大学出版社，1993 年．

朱保炯，谢佩霖编．明清进士题名碑录索引［Z］．上海：上海古籍出版社，1980 年．

（清）朱彝尊．明诗综［M］．永瑢、纪昀等主编，影印文渊阁四库全书：第 1459—1460 册．台北：台湾商务印书馆，1983 年．

（明）宗臣．子相文集「M］．四库全书存目丛书编纂委员会．四库全书存目丛书集部：第 126 册．济南：齐鲁书社，1997 年．

（明）宗臣．宗子相集［M］．永瑢、纪昀等主编，影印文渊阁四库全书：第 1287 册．台北：台湾商务印书馆，1983 年．

二 方志

（清）查子庚修，熊文澜纂．同治枝江县志（同治五年刊本）［M］．中国方志丛书，台北：成文出版社，1968 年．

（清）鄂尔泰等监修，靖道谟等纂修．云南通志［M］．永瑢、纪昀等主编，影印文渊阁四库全书：第 569 册．台北：台湾商务印书馆，1983 年．

（清）恩成修，刘德铨纂．道光夔州府志［M］．清道光七年刊本．

（清）韩清桂等修，陈昌等撰．光绪铜梁县志［M］．四川府县志辑：第 42 册，中国地方志集成，成都：巴蜀书社，1992 年．

（清）郝玉麟等监修，鲁曾煜等编纂．广东通志［M］．永瑢、纪昀等主

编，影印文渊阁四库全书：第 563—564 册．台北：台湾商务印书馆，1983 年．

（清）和珅等纂．大清一统志［M］．永瑢、纪昀等主编，影印文渊阁四库全书：第 474 册．台北：台湾商务印书馆，1983 年．

（清）黄廷桂监修，（清）张晋生编纂．四川通志［M］．永瑢、纪昀等主编，影印文渊阁四库全书：第 559 册．台北：台湾商务印书馆，1983 年．

（清）嵇曾筠等监修，沈翼机等编纂．浙江通志［M］．永瑢、纪昀等主编，影印文渊阁四库全书：第 523 册．台北：台湾商务印书馆，1983 年．

（清）纪弘谟修，郭棻纂．康熙保定府（直隶）志［M］．康熙十九年刻本

（清）纪黄中等纂修．仪封县志［M］．中国方志丛书，台北：成文出版社，1968 年．

（清）觉罗石麟等监修，（清）储大文等编纂．山西通志［M］．永瑢、纪昀等主编，影印文渊阁四库全书：第 544 册．台北：台湾商务印书馆，1983 年．

（明）李贤等撰．明一统志［M］．永瑢、纪昀等主编，影印文渊阁四库全书：第 472 册．台北：台湾商务印书馆，1983 年．

（清）迈柱等监修，夏力恕等编纂．湖广通志［M］．永瑢、纪昀等主编，影印文渊阁四库全书：第 533 册．台北：台湾商务印书馆，1983 年．

（清）乔光烈，周景柱总修．乾隆蒲州府志［M］．山西府县志辑：第 66 册，中国地方志集成，南京：凤凰出版社，2005 年．

（清）任五彩，车登衢等纂．光绪泸州九姓乡志［M］．四川府县志辑：第 32 册，中国地方志集成，成都：巴蜀书店，1992 年．

（清）唐执玉、李卫等监修，（清）田易等纂．几辅通志（一）［M］．永瑢、纪昀等主编，影印文渊阁四库全书：第 504 册．台北：台湾商务印书馆，1983 年．

（清）王梦庚修，寇宗纂．道光重庆府志［M］．四川府县志辑：第5
　　册，中国地方志集成，成都：巴蜀书社，1992.

（清）武穆淳修，熊象阶纂．浚县志（清嘉庆六年刊本）［M］．中国方
　　志丛书，台北：成文出版社，1968年．

（清）杨修田纂修．光绪光州志（光绪十三年刊本）［M］．中国方志丛
　　书，台北：成文出版社，1976年．

（清）杨延亮修．道光赵城县志［M］．山西府县志辑：第52册，中国
　　地方志集成，南京：凤凰出版社，2005年．

（清）姚德闻修，吕夹钟纂．滑县志（康熙）十卷（清康熙二十五年增
　　刻本）［M］．国家图书馆分馆编，清代孤本方志选：第二辑第5册，
　　线装书局，2001年．

（清）姚琅等修，清陈焯等纂．康熙安庆府志［M］．安徽府县志辑：第
　　10册，中国地方志集成，南京：江苏古籍出版社，1998年．

（清）张宝琳修．光绪永嘉县志［M］．浙江府志县辑：第60册，中国
　　地方志集成，南京：江苏古籍出版社，1993年．

（清）赵弘恩等监修，黄之隽等编纂．江南通志［M］．永瑢、纪昀等主
　　编，影印文渊阁四库全书：第511册．台北：台湾商务印书馆，1983
　　年．

曹允源，李根源纂．民国吴县志（二）［M］．江苏府县志辑：第12册，
　　中国地方志集成，南京：江苏古籍出版社，1991年．

彭文治、李永成修，卢庆家、高光照纂．民国富顺县志［M］．四川府
　　县志辑：第30册，中国地方志集成，成都：巴蜀书社，1992年．

王文章等编．浚县志（1986—2000）［M］．郑州：中州古籍出版社，
　　2007年．

王蒲园等纂．重修滑县志（1932年铅印本）［M］．中国方志丛书，台
　　北：成文出版社，1968年．

张亘，萧光汉等纂修．民国芮城县志（1923年铅印本）［M］．中国方志
　　丛书，台北：成文出版社，1968年．

朱之洪等修，向楚等纂．民国巴县志［M］．四川府县志辑：第6册，中

国地方志集成，成都：巴蜀书社，1992 年．

三 论文

冯雁雯．张佳胤年谱［D］．兰州：兰州大学硕士毕业论文，2006.

金民．明天应天巡抚驻地考［J］．江海学刊．2012（4）．

黎春林．明"五岳山人"诗碑、"铜梁山人"——兼与张森楷先生商榷
　　［J］．西南交通大学学报（社会科学版），2011（5）．

李新．张佳胤出版卢楠《蠛蠓集》始末考［J］．文学与文化．2017
　　（1）．

杨晓炜．徐中行年谱［D］．上海：复旦大学硕士毕业论文，2006.

杨钊．杨慎《明故待封君南溟张公墓志铭》考［J］．文献季刊，2008
　　（4）．

占旭东．《尽言集》研究［D］．上海：华东师范大学硕士学位论文，
　　2006.

郑维宽．论明清时期广西的历史进程与政区响应［J］．广西师范大学学
　　报（哲学社会科学版），2012（3）．